网络舆情中的热点话题研究

吴树芳 朱 杰 著

科学出版社
北 京

内 容 简 介

热点话题研究属于网络舆情的研究范畴，对热点话题的研究可以帮助个人、企业和政府及时发现网络中的热点讨论，并对其进行合理有效的引导，有助于营造健康的网络环境。本书以基于贝叶斯理论的信念网络话题模型作为表示模型，对网络舆情中的热点话题展开系列研究，具体包括：融合上下文信息的热点话题字典构建、融合时序性和波动性的热点话题发现、热点话题演化中的噪声特征识别、热点话题的参与者——意见领袖特征分析和基于集成思想的热点话题推荐，并分别对上述研究内容的有效性进行了实验验证。

本书可以作为高等院校信息管理与信息系统、管理科学与工程、情报学和图书馆学、计算机科学与技术等专业研究生的教材，也可以作为相关领域研究人员的参考书。

图书在版编目（CIP）数据

网络舆情中的热点话题研究 / 吴树芳，朱杰著. — 北京：科学出版社，2020.9

ISBN 978-7-03-066194-4

Ⅰ. ①网… Ⅱ. ①吴… ②朱… Ⅲ. ①互联网络-舆论-研究 Ⅳ. ①G206.2

中国版本图书馆 CIP 数据核字(2020)第 177551 号

责任编辑：任 静 / 责任校对：王萌萌

责任印制：吴兆东 / 封面设计：迷底书装

科学出版社出版

北京东黄城根北街 16 号

邮政编码：100717

http://www.sciencep.com

北京中石油彩色印刷有限责任公司 印刷

科学出版社发行 各地新华书店经销

*

2020 年 9 月第 一 版 开本：720×1 000 B5

2023 年 8 月第三次印刷 印张：10 1/2

字数：212 000

定价：99.00 元

（如有印装质量问题，我社负责调换）

前　言

网络舆情是指在互联网上流行的对社会问题的不同看法，是社会舆论的一种表现形式。随着计算机网络的发展，网络舆情以爆发之势涌现，如何实现对舆情信息的分析、识别、监管、预警显得尤为重要。以此为出发点，本书对网络舆情展开相关研究。网络舆情研究的关键步骤之一是话题的表示，即话题建模。考虑到贝叶斯网络在信息检索领域的应用，以及信息检索和话题识别与追踪的共性，研究者们尝试将用于信息检索的贝叶斯网络进行话题建模，本书将以作者近年来的研究成果——信念网络话题模型作为表示模型。

热点话题的研究具有很好的理论价值和应用价值，可及时为相关部门提供有效的网络舆情信息，帮助其进行舆情监控及引导。对用户而言，热点话题研究能帮助用户及时、方便地获取当前较为重要的热点信息；对企业而言，热点话题研究可以帮助企业较为快速地了解领域发展态势，提高企业的竞争力；对国家而言，可以帮助政府了解当前的热点问题和舆论导向，以实现对舆情的有效控制和引导。随着各种社交媒体、网络平台的出现，热点话题出现了新的特征：出现频率高、传播速度快、随机性强、不可预测性明显等，这些特征提高了热点话题研究的难度，同时也对相关研究提出了新的挑战。

本书以信念网络话题模型为基础，对网络舆情中的热点话题展开系列研究。本书内容包括两个模块：基础理论模块和系列研究模块。其中基础理论模块涉及三章内容(第 1～3 章)，详细介绍了网络舆情基本理论、话题识别与追踪基本理论和基于贝叶斯网络的话题识别与追踪理论；系列研究模块介绍了作者对热点话题的五个研究点及展望(第 4～8 章)。

研究点一：考虑到有效的热点话题表示是提高热点话题发现、监测的关键，本书提出了基于上下文信息的话题字典构建方法，目的在于准确表示话题想要表达的内容。舆情话题具有明显的动态性，即随时间的发展不断变化，如果保持话题字典静态不变，显然不符合人们的逻辑认知，故本书在上下文信息的基础上，加入时间信息，提出了动态话题字典构建方法。

研究点二：每时每刻互联网中都会出现大量的舆情信息，找出其中的热点话题是舆情监管的关键，在上述表示模型和话题字典构建的基础上，通过分析热点话题的特征，提出了融合时序性和波动性的热点话题发现算法。

研究点三：有效的热点话题演化可以体现话题的动态发展过程，帮助人们捋清话题的整个脉络，但是在热点话题演化过程中假相关信息的融入则会误导热点话题的演化，甚至出现话题漂移现象。为避免该问题，本书第三个研究点通过分析产生话题漂移的原因，提出了话题演化过程中的噪声特征识别算法，为保证有效的热点话题演化提供理论支持。

研究点四：热点话题的主要参与者为网络平台中的意见领袖，对意见领袖的特征分析，具有一定的理论价值。本书通过 Python 从知乎爬取统计数据，然后基于社会网络分析的方法，通过计算参与话题讨论的网络用户节点的出度、入度及不同中心度，识别其中的意见领袖，分析意见领袖的特征，为话题识别、传播、可信度等研究提供理论支持。

研究点五：本书关于热点话题的最后一个研究点为热点话题的推荐，即实现对网络用户的舆情信息个性化推荐。个性化推荐的研究由来已久，故该研究属于旧技术新应用，未来我们将尝试分析网络舆情信息与以往推荐信息的不同，提出更为有效的热点话题推荐方法。

分析上述五个研究点，可以发现其共同术语为“热点话题”。热点话题不同于普通信息，其敏感度、影响度尤为突出，故对热点话题的研究也就更为重要。本书的研究内容可为相关领域的研究者提供较为全面的相关知识。

本书系作者吴树芳的国家社会科学基金项目(编号：17BTQ068，名称：网络信息治理视阈下社交网络不可信用户识别研究)的阶段性成果之一。

感谢我的博士后合作导师唐万生教授，在我博士后学习期间对我的研究工作做出了悉心的指导；感谢我的博士导师徐建民教授，是他最初帮我选定了网络舆情这个方向，并为我提供了进行科研的条件；感谢本书的另一名作者——中央司法警官学院的朱杰博士，他帮助我完成了部分算法的实证分析；感谢我的学生张雄涛、周博尧、吴崇崇、张庆唯，他们帮我完成了部分数据的整理和实验工作。

由于作者水平所限，所做研究尚有不足，欢迎读者批评指正。

目　　录

第 1 章　网 络 舆 情

本书关于热点话题的相关研究属于网络舆情研究的范畴，网络舆情以网络为载体，以各种交互平台为媒介(例如，博客、论坛、微博、微信等)，以事件为核心，网民将自己的情感、态度、观点等在网络上发布及传播。网络舆情具有两面性：一方面给人们带来了便利，网络中每个人不再只是信息的接收者，也可以自由地制作、发布、传播消息；另一方面，也带来了一系列负面的影响，例如谣言的快速传播、大量的垃圾信息等。网络舆情的相关研究多致力于通过相关的理论研究，降低负面影响。在中国知网搜索框中输入“网络舆情”，检索与之相关的学术论文，发现到目前为止(2019 年 9 月 30 日)，该方向的相关文献有 10549 篇，图 1-1 为该领域年发文量的统计图。

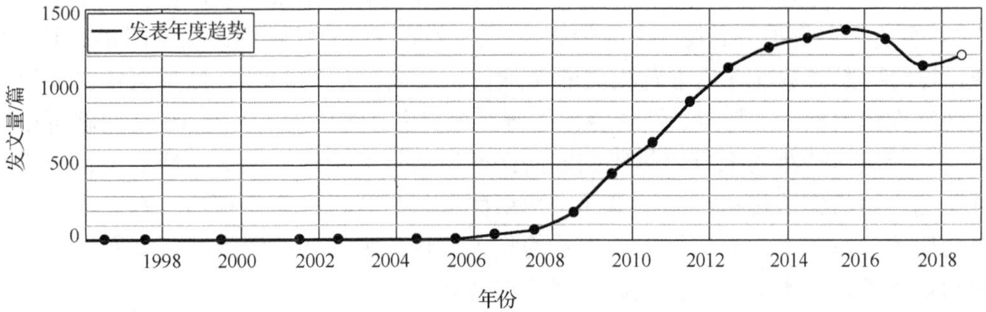

图 1-1　“网络舆情”研究相关文献年发文量统计图

观察图 1-1 可以发现，2006 年之前，几乎没有关于网络舆情研究的相关文献，产生这种现象的原因主要是：中国于 1994 年 4 月才全面接入互联网，前几年处于发展阶段，计算机网络普及率较低，网络交互平台甚少，自 2006 年之后，各种社交平台陆续出现，表 1-1 为当前主流社交媒体的出现时间。观察表 1-1 可以发现，当前受欢迎度较高的社交媒体，大都是在 2005 年之后产生的，其中天涯论坛虽然是 1999 年出现，但是真正启动开放平台是在 2008 年。

表 1-1 的统计可以很好地解释图 1-1 中 2006 年之前几乎没有网络舆情相关研究的问题。图 1-1 显示 2016 年网络舆情相关的发文量最高，产生这种结果的原因与抖音的出现有很大的关系，2018 年中国互联网舆论分析报告[1]显示，从舆情传播看，近年来很多热点舆情均来自短视频，如“G334 高铁乘客霸座”“茶卡盐湖变成垃圾场”等。抖音等视频类社交媒体的出现，更进一步促进了舆情的发布与传播，视频类信息真实感更强。

表 1-1　主流社交媒体出现时间表

编号	名称	出现时间
1	人人网	1999 年
2	天涯论坛	1999 年
3	百度贴吧	2003 年
4	豆瓣	2005 年
5	新浪博客	2005 年
6	QQ 空间	2005 年
7	新浪微博	2009 年
8	知乎	2011 年
9	微信	2011 年
10	快手	2011 年
11	抖音	2016 年

此外，中国知网对 10549 篇网络舆情文献计量统计结果显示，这些文章主要围绕 20 个研究主题展开，图 1-2 为依据主题发文量得到的统计图。观察图 1-2 可以发现，与网络舆情基本理论主题相关的文献占比最高，为 7660 篇，这类文章主要探讨了网络舆情的概念、特点、性质等。从研究分支的角度而言，其余 19 个主题可以映射到当前舆情监测的七个较热研究方向：网络舆情的管理、网络舆情危机、网络舆情监测、网络舆情传播、突发事件、网络舆情信息分析、意见领袖。本章将在网络舆情概述的基础上，介绍这七个主题的相关理论，为网络舆情领域研究者提供简单的知识梳理，为本书后续研究提供理论支持。

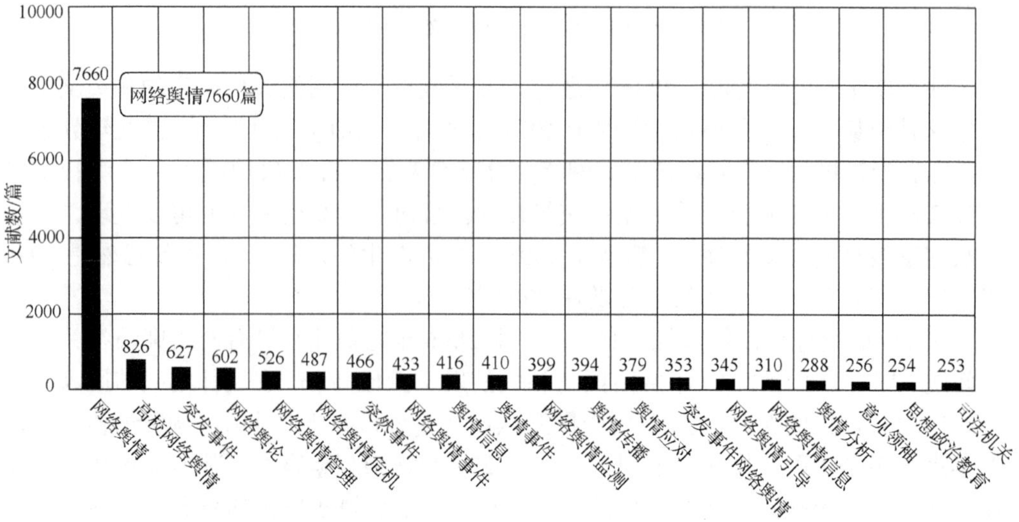

图 1-2　“网络舆情”研究相关文献主题分布图

1.1 网络舆情概述

舆情虽然不等同于舆论，但是二者又存在一定的相关性。舆论是集合化的大众意见，具有大众性，这是舆论能够快速传播并易于被更多人接受的根本原因，而舆情实际上是赋予了现代意义的舆论，指在一定的社会空间中，民众对社会管理者行为的态度、意见或者见解等。

1.1.1 相关概念

网络舆情是舆情在互联网发展中、各种网络媒体相继出现背景下的必然产物。当前，网络媒体的影响力已经远远超过传统媒体(报纸、广播和电视)，被认为是人类发展过程中出现的第四种媒体。目前对于网络舆情概念的描述有多个版本，下文引用了其中具有代表性的几个版本。

卢伏龙[2]认为：网络舆情是指在一定的社会空间内，通过网络围绕中介性社会事件的发生、发展和变化，民众对公共问题和社会管理者产生和持有的社会政治态度、信念和价值观。

和讯网认为[3]：网络舆情是传统舆情发生在网络中，与传统舆情的不同之处是，一个存在于民间，一个存在于虚拟的网络环境中，其传播速度更快，传播范围更广，影响程度更深。

军犬舆情公司创始人彭作文认为，网络舆情是指网民的情感、态度、意见、观点等在网络平台中表达、传播，其核心为事件。此外，其他研究者也给出了网络舆情的概念，刘毅[4]认为网络舆情是指网民的各种情绪、态度和意见通过互联网进行表达和传播；中共中央宣传部舆情信息局将其定义为：网民借助互联网，对社会公共事务特别是社会热点焦点问题所表现出的有一定影响力、带倾向性的意见或者言论。

上述不同形式的概念都涉及三个要素：互联网、民众及观点，民众与观点的结合即为常规的舆论，互联网、民众及观点三者的结合即为网络舆情。

1.1.2 表现形式

随着计算机网络技术的迅猛发展，出现了各种各样的网络媒体，网络舆情的表现形式也多种多样，当前网民应用比较多的舆情表现形式包括：新闻评论、论坛、博客、微博、RSS、新闻跟帖等。上述表现形式主要归属于论坛和社交媒体等舆情载体，本节将对舆情内容的表现形式作简单介绍，该部分内容不同于后续章节介绍的舆情载体内容。

1. 新闻评论

新闻评论是指大众对新闻的评价、讨论。传统的新闻评论主要发表在纸质媒体上，随着各种网络媒体的出现，主流的新闻媒体都有自己的官网，网民可以在网络平台上发表自己对新闻的评价，也可以参与到针对某条新闻的讨论中。认可度比较高的新闻评论主要源自两类网民：一类是专栏评论员，例如时政新闻的专栏评论人员；另一类是专业网评人，这类人一般具备丰富的专业知识，例如股票评论人员对股票应该有比较透彻的了解。当前，认可度比较高的网络信息评论平台包括：人民观点、凤凰网评、新华网评等。

2. 论坛

论坛也称为电子公告板，英文全称为 Bulletin Board System，即 BBS。早期的 BBS 并没有文件传输的功能，主要用来公布信息。后来，为了便于交流，大家都希望网络上能有一块固定的空间用于特定人群的沟通，即形成了进化后的 BBS。比较出名的 BBS 包括天涯社区、知乎。

天涯社区创建于 1999 年 3 月 1 日，一经推出便得到广大网民的青睐，经过十几年的发展，天涯社区已经从当初的纯论坛性质演化为多样化的服务平台，可提供论坛、微博、博客等多种服务。目前，天涯社区的注册用户已经超过 8500 万，拥有大批量高忠诚度用户。

知乎网站于 2010 年 12 月开放，2013 年 3 月允许公众开放注册。不到一年时间，知乎网站的注册用户从 40 万增长至 400 万。知乎属于网络问答社区，所有知乎用户可以在平台中共享彼此的知识、经验等。知乎的宣传语为：有问题、上知乎，即用户有任何疑问都可以从知乎搜索，知乎提供的网络百科几乎涵盖用户的所有疑问。知乎的另一个显著特色是所有用户可以围绕一个话题展开深入讨论，话题性非常明确，不用进行单独的话题识别。

3. 博客

博客也称为网络日记，英文名称为 Blogger，音译为部落格，博客的主体可以是人也可以是网站。博客上的文章内容形式丰富多样，包括文字、图像、网站链接及主题相关的视频等。注册用户量多、认可度比较高的博客是新浪博客。新浪博客于 2005 年开放注册，属于新浪网的网络日志模块，其博客分类清晰明了，包括：情感博客、娱乐博客、名人博客、草根博客等。随着微博的出现，博客的用户使用量明显降低，其位置逐渐被微博取代。

4. 微博

微博是当前最为主流的社交媒体，其信息覆盖量占各种网络信息总量的 90%左右，英文名称为 Microblog，也可音译为 Weibo。微博的典型特点是碎片化、交互性、时效性、网络术语化、符号化、病毒式传播等。普通微博限制长度为 140 字，而很多微博甚至仅有几个字或者没有文字内容，呈现明显的碎片化、随意性特点，这个特点也是其被广大用户使用的原因之一；微博提供了各种交互行为，具体包括：点赞、转发、评论、关注，这些行为使得原本天南海北的用户形成一个交互网络，基于这个网络可以进行社区发现、兴趣挖掘等，实行更为精准的个性化信息推荐；微博信息更新速度极快，每秒钟都会有大量信息出现；在微博平台中，微博描述语言不同于常规，经常会出现一些网络术语，故要理解微博描述的真正含义需要解读其中的网络术语；微博的图文并茂不同于博客，用户常常会使用一些表情符号来表达、宣泄自己的情绪；病毒式传播透彻地体现了当前的网络平台信息无障碍的特征，一条敏感的信息会在短时间内广泛传播，实现真正意义上的“家喻户晓”。

最早亦是最著名的微博是美国的 Twitter，中国第一个接近微博功能的网络为饭否网，该网络创建于 2007 年 5 月，此后还出现了几个类似于微博的平台：叽歪、嘀咕、滔滔。当前主流的新浪微博于 2009 年 8 月推出，截至 2020 年 3 月底，其月活跃用户量高达 5.5 亿。

5. RSS

RSS 的中文名称为简易信息聚合，英文全称为 Really Simple Syndication，它是一种基于 XML 标准的在线共享内容简易方法。RSS 广泛应用于各种网络新闻平台，可以借助 RSS 让用户及时获取最新的新闻信息。RSS 的另一个优点是：借助 RSS 聚合软件(SharpReader、NewzCrawler、FeedDemon)，用户可以在不打开网站的情况下从客户端直接阅读新闻网站的内容。当前主流的新闻网站都有 RSS 聚合频道，例如新浪网、新华网、中新网等。

6. 新闻跟帖

新闻跟帖是一种特殊的网络舆情表现形式，其不能独立于新闻报道而单独存在，必须依附于某条新闻报道。用户看完新闻报道后，往往会有自己的见解、情感，把这些见解、情感发表在新闻报道之后即为新闻跟帖。和 RSS 类似，很多新闻网站为了获取更多的流量，大多都设有新闻跟帖模块。随着新闻跟帖的流行，在评论一条新闻报道的热度时，常将跟帖量作为热度评价指标之一，即所谓的“无跟帖，不新闻”。

1.1.3 网络舆情的特点

与传统媒体相比，网络媒体具有典型的特点：草根性、信息量大、用户量大、交互性强、实时性强，同样，网络媒体上发表的舆情信息(即网络舆情)也具有典型的特点：自由性、交互性、多元化、偏差性。本节将对网络舆情的这些特点做简单介绍。

1. 网络舆情的自由性

互联网是完全开放的，每个人都可以成为信息的创造者，也可以自由地选择自己感兴趣的网络信息。由于舆情发布平台都具有匿名性，用户可以在不透露自己真实信息的前提下，自由表达自己的观点和感情，故自由性已经成为网络舆情的典型特点之一。网络舆情的自由性有好坏两个方面：从好的方面而言，它可以充分地体现言论自由；从坏的方面而言，正是言论自由导致舆情信息质量参差不齐，一些不良的言论在网络上快速传播，给社会带来不利的影响。为建设绿色的网络环境，避免错误的舆论导向，舆情信息的质量评估及舆情监控显得尤为重要。

2. 网络舆情的交互性

由于网络媒体的草根性，人人都可以自由地参与到网络中，都可以针对某条舆情发表自己的意见。不同人针对同一个问题可能有不同的见解，于是开始争论、探讨，由此网民之间形成微妙的互动关系网。这种互动有利有弊：一方面可能通过思想碰撞产生解决问题的方法；另一方面可能产生网络冲突、矛盾，并从虚拟的网络演化至现实生活。

网络舆情的交互性在社交媒体中显得尤为突出，例如在微博中，对一篇博文，任何用户都可以对该博文进行点赞、评论和转发，此外用户之间还存在关注行为。挖掘社交网络中的交互关系，对舆情监测、社区发现、兴趣挖掘具有重要的意义，图 1-3 为一个微博用户交互关系示例图。图中包括 12 个微博用户，边体现了用户间是否有交互关系，图中的虚线圆表示这 12 个用户分属于三个社区，一般情况下，属于同一社区的用户具有某个共性。

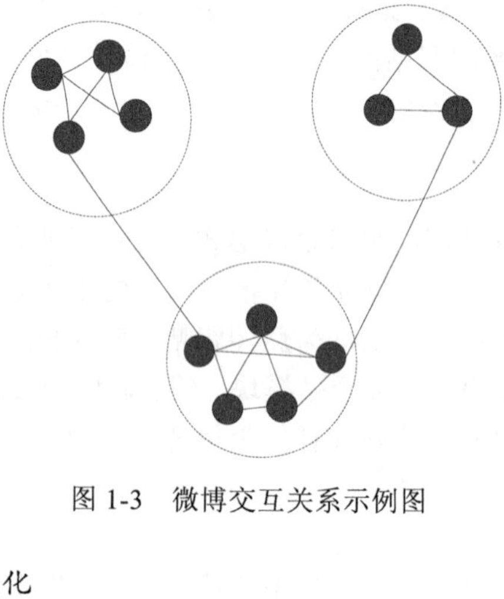

图 1-3　微博交互关系示例图

3. 网络舆情的多元化

网络舆情的自由性导致网络舆情的多元化，具体体现在舆情主体多元化、舆情话题多元化和舆情来源多元化。舆情主体即舆情的参与者，也即网民，随着互联网的普及，网民涉及社会各个阶层、各个领域、各种职业，即网络舆情的主体是多元化的；舆情话题可以涉及人们生活中的方方面面，包括经济、民生、军事、医疗等，体现了舆情内容的多元化、多样性；从舆情信息的来源来看，不同于传统纸质媒体的特约作家，任何人都可以随时发布舆情信息，任何人都可以称为舆情信息的评论者、转发者，故网络舆情的来源是多元化的。网络舆情的多元化极大地丰富了网络信息，可以有效地满足不同网民的不同需求。

4. 网络舆情的偏差性

受各种因素的影响，网络平台中会存在一些不实信息，或者存在比较情绪化甚至缺乏理性的一些言论，网民在这些言论的引导下可能会产生错误导向。表1-2为网络新闻平台“头条”，依托今日头条谣言智能识别数据库的海量数据，从社会、健康、科技、财经、娱乐、历史、军事等11个分类中，综合考虑谣言的危害性、迷惑性以及公众接受度等因素，整理出的2018年十大热点谣言。

表1-2 2018年十大热点谣言

编号	谣言信息	辟谣
1	中央经济工作会议决定不减税降费	国务院金融稳定发展委员会办公室在人民银行官网发布声明：网上关于中央经济工作会议决定不减税不降费等传闻，与事实不符合
2	珠港澳大桥扛不住台风“山竹”	中国气象局权威辟谣，该消息是假的。珠港澳大桥设计能抵抗16级台风，事实也证明，珠港澳大桥抗过了台风“山竹”
3	MH370残骸通过谷歌地图被找到	中科院旗下的“长光卫星”公司调动了10颗卫星，对影像位置进行了两次卫星拍摄，并未发现所谓的残骸
4	人体体质有酸碱之分	曾经受聘于联合国粮农组织，担任食物营养高级官员的葛可佑表示，人的身体没有酸碱之分，始终保持在pH7.4左右
5	重庆公交坠江，涉事女司机逆行	重庆官方发布消息：事故原因系公交客车在行驶中，突然越过中心实线，撞击对向正常行驶的小轿车后冲上路沿，撞断护栏，坠入江中
6	北极出现32℃高温，北极熊或将灭绝	中国气象科学研究院极地气象研究室副主任丁明虎表示，据北极黄河科考站观测，2018年7、8月北极圈并没有明显的变暖现象
7	天宫一号即将失控并撞上地球	中国航天科技集团五院空间实验室系统总设计师朱枞鹏表示，我国一直在监控天宫一号，预计今年上半年让它坠落，其坠入大气后就会烧毁，剩余残骸将落入指定海域，不会危害地面
8	多名艺人因纳税问题被约谈	国家税务总局、国家广电总局、国家电影局在接受新华社采访时否认了传言，不存在约谈
9	2020年全面禁售燃油车	工信部副部长辛国斌在2017年中国汽车产业发展国际论坛上表示，目前我国工信部正启动研究，计划制定停止生产销售传统能源汽车的时间表，但并没有确定何时禁止销售燃油车
10	乾隆、傅恒、弘昼阵容曝光	网传照片是英国自然历史博物馆的馆藏照片，出自一次环球探险——英国“挑战者号”远征。这张三位清代男子的照片是远征队当年拍摄的其中一张，三人身份不明

上述谣言事件仅为2018年的10个代表性事件，实际上，每年每个领域都会出现很多与真实信息有偏差的舆情。网络舆情的发布、传播平台多为社交性的网站或APP，网络信息可能由人为操纵，故意引导可能引起民愤的信息向不良方向发展。一般情况下，当IP地址大致相似的多个用户同时对某一条信息发表类似的见解，甚至语气都很像，那这条舆情很可能被人为控制。普通网民应该具有辨别力地对待网络信息，不应该跟风评论。舆情信息除了人为操纵外，还存在一些本来就是假的信息(表1-2)，这些虚假信息损害了网络媒体的公信力，甚至引起社会动荡，对虚假信息的识别、筛选、控制对建设绿色的网络环境有很大帮助。

1.1.4 网络舆情的分类

虽然网络舆情具有明显的多元化特点，但依据一定的标准也可对其进行分类，中国舆情网依据舆情信息的特点和内容，将网络舆情分为四类，分别是：思想反映类舆情、问题倾向类舆情、工作动态类舆情和对策建议类舆情。

1. 思想反映类舆情

网络媒体中的任何热点舆情，都会引起广大网民的普遍关注，网民也会针对这些热点舆情产生一定的看法、想法，即思想反映，将所有网民针对舆情的看法、想法收集起来，形成思想反映类舆情。思想反映类舆情主要包括两类：一类是思想动态，指某一舆情发生后，网民第一时间在各种网络媒体中发表的看法和观点；另一类是社会思潮，指网民长期关注某一个问题，并在一定范围内形成的有影响力的、被广泛关注的观点或者主张。

思想动态的关键点在“动态”二字，即事件发生后人们对该事件的评论及观点会随着时间的推移而变化，当然也会有新的评论加入，该类舆情信息有明显的时间轴及生命周期。社会思潮是一定时期社会存在的反映，社会思潮对社会具有正负两方面的影响，其作用范围涉及社会生活的各个方面。

2. 问题倾向类舆情

这类舆情主要涉及网民对热点问题的思想倾向或对党政工作的思想倾向。2018年中国互联网舆论分析报告统计发现：对老百姓而言，2018年的热点话题直接反映他们的生活实感，话题涉及教育、住房、个税改革等关系民生的重大问题。问题倾向性舆情大致包括三个方面：一是网民对国内外重大、热点事件的态度、情绪、意见等；二是在意识形态形成的可能对社会稳定性有影响的思想倾向；三是相关部门在进行思想宣传工作中对网民产生的思想倾向引导。其中，第一个方面和热点话题、危机管理、民生等有直接关系，所以其关注度较高，目前已经成为国内外的研究热点之一。

3. 工作动态类舆情

主要是指思想宣传工作的动态，包括两方面内容：一是党政各级各部门开展各项工作的新进展、新成效；二是党政工作中探索的新思路、新方法，取得的新经验、新成果。此类舆情信息的影响面大小由部门级别决定，例如国家级党政部门的工作动态舆情可能是全民关注的问题。

4. 对策建议类舆情

这类舆情主要是针对某些热度较高的、被普遍关注的问题，由相关人员、部门等提出的建议。依据提出建议的人员不同，此类舆情可分为三种：第一种来自民间，即广大网民通过各种媒体平台，针对所关注的问题提出建议；第二种来自领域专家，即相关者通过科学研究，针对某问题、现象等提出建议，发表观点，这类建议的权威性高于第一种；第三种和政府部门相关，即思想工作方面的宣传者，通过参考多方面信息，结合各类人员提出的建议，站在一个更高的层次对某问题给出建议。

1.2 网络舆情的管理

网络舆情管理属于网络舆情的重要研究分支之一，我们从中国知网搜索了该研究分支的相关文献，共计 5725 篇(时间：2019 年 9 月 30 日)，年发文量统计图如图 1-4 所示，其趋势图与网络舆情年发文统计图基本一致。从发文量可以看出，网络舆情管理已经成为当前的热点研究方向。

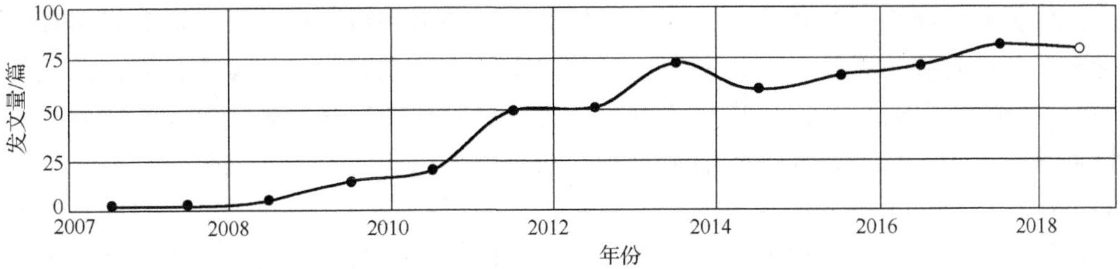

图 1-4 网络舆情管理相关年发文量统计图

我们从上述相关文献中选取相关度最大的前 20 篇文献进行引文互引分析，分析结果如图 1-5 所示。观察图 1-5 可以发现，网络舆情管理相关研究互引情况比较集中，主要集中于社科类，学科涉及管理学、人文学、情报学，少部分为信息科学类，故关于网络舆情管理的研究社科性质稍强。

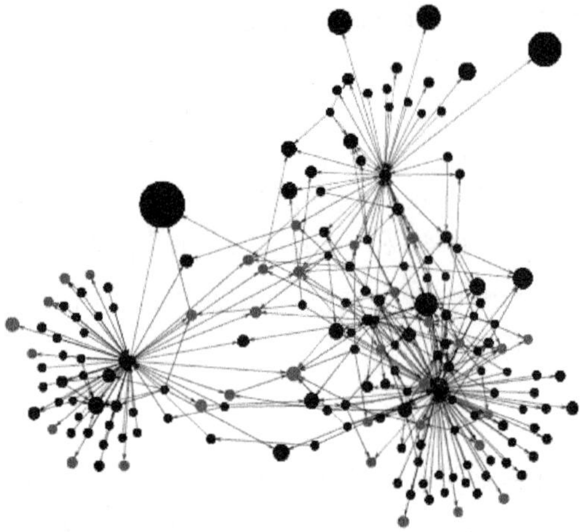

图 1-5　网络舆情管理相关度排序前 20 的相关文献互引关系图

1.2.1　网络舆情管理的界定

网络舆情管理是一项非常重要的工作，是网络信息治理的研究范畴，是营造绿色健康网络环境的关键，其实现过程复杂、涉及内容较多、管理方式灵活。在实现过程中，舆情的发现、舆情的预警、预警的引导、舆情的控制等每个环节的实现都基于相关的技术支持；在舆情管理内容方面，舆情主体、舆情客体、舆情传播路线都是关注的重点；在舆情管理方式中，由于网络舆情最大的特点是突发性，不可能用一个固定的模式管理所有的舆情，故舆情管理方式更加强调灵活性、时效性。

李昊青等[5]在对网络舆情管理的界定中从不同角度对网络舆情管理进行了分类：依据舆情事件的性质不同，网络舆情管理可分为一般事件的管理和突发事件的管理，其中对突发事件的管理是舆情管理的重点，也是难点；依据舆情管理的主体不同(即谁负责舆情管理)，舆情管理可分为狭义管理和广义管理。狭义上的网络舆情管理即管理主体为政府，政府通过特定的职能部门实现对舆情的管理，而广义上的舆情管理主体不再局限于政府，是政府、社会组织、媒体及普通网民共同参与和合作的过程，是一种“政府主导，多元参与”的管理行为，这也是未来网络舆情管理的发展趋势和主流管理方法。

虽然图 1-5 的统计结果显示舆情管理的研究成果多为社科类，但是随着相关研究的深入，亟须采用自然科学的研究方法来科学地实现对舆情的管理，2020 年的国家自然科学基金课题申报中，增加了公共卫生事件的应对、治理等专项项目的申报，旨在促进该领域的深入发展。

1.2.2 网络舆情管理的意义

网络舆情的爆炸式出现及快速传播得益于以下两个条件：①智能手机在全球范围的普及，为人们随时随地上网提供了便利的条件。②各种社交媒体的相继出现，使得人人都成为信息的制造者、传播者，能引起人们共鸣的信息会在短时间内以病毒式传播。

在智能手机普及、社交媒体便利的条件下，很多时候无意的舆情竟会成为突发的热点话题。例如2019年的热点事件之一“西安奔驰女车主哭诉维权”，智能手机所拍视频被发布到网络平台后，立即引起社会很大反响，其中发文量最大的为新浪微博，有350084篇相关报道，其次是搜狐，有6279篇相关报道。该事件直接反映出购车市场的不合理处，舆情的快速传播对相关部门了解、整治购车市场提供了依据。但是该事件的后期发展引出了一系列其他问题，此时，需要采用适当的舆情管理措施进行正确的引导和控制，避免不良的舆论导向。此外，加强网络舆情管理对社会稳定、观察民情、法制建设、文明建设等具有重要意义。

1. 有助于维护社会和谐稳定

网络上热点事件的出现，一般会带有一定的情感倾向，受外界因素的影响，这个情感倾向可能会被放大，使得网民缺乏理性思考，把网络平台作为情绪宣泄的平台，公开指责、谩骂相关职能部门。有些媒体为了增加自己的点击量，常会将一些没有证实的虚假信息公开，进而发展为有害言论。网络舆情管理应及时识别上述问题，实现对不良舆论导向的疏导及控制、不良媒体的查处，这是维护网络社会和谐，解决现实社会问题的关键。

例如，在上述“西安奔驰女”事件中，通过大数据分析发现，网民针对该事件的情绪主要有四种，如图1-6所示。其中超过20%的文章是指责相关监管部门不作为，如果存在这种情况，相关部门应尽快妥善处理并改进工作方式，如果不存在这种情况，应及时对这类舆情进行适当干预和引导。

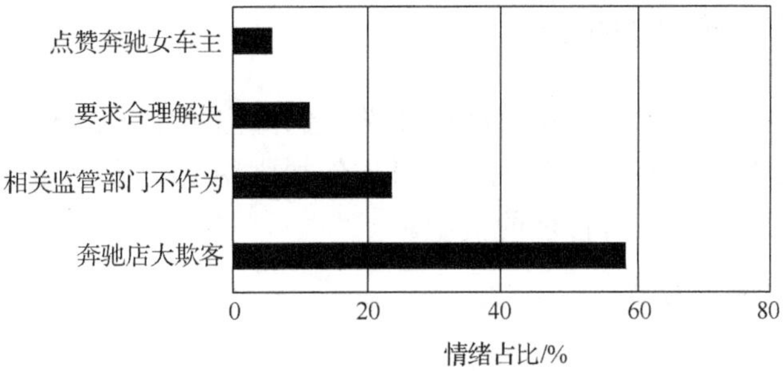

图1-6 “西安奔驰女”事件情绪分布

网络的典型特点之一就是互动性，很多网民愿意参与到网络舆情事件的讨论中，这一现象有益于我国民主政治的发展。政府部门充分利用互联网搜集民情，了解民众关心什么、议论什么、建议什么，利用网络媒体发现民众的意见，汇集民众的智慧，是一种新型的党和人民联系的方式。随着计算机网络的发展，网络问政已经成为一个重要趋势。例如，针对上面的热点事件，当其发生后多个部门了解事情原委后，及时参与其中，消费者协会、税务局、工商局、中国银保监会均对该事件做出回应。

2. 有助于推进我国民主法治建设

当前国家的很多改革已经深刻地触及人民群众的切身利益，考虑到网络的便利性，很多网民通过各种网络平台来表达自己的想法，这些舆情信息反映了大多数群众的真实要求和愿望。相关部门通过网络有效掌握这些舆情，对解决和处理各种矛盾具有很大的意义，这也是促进我国民主法治建设的重要依据和环节。

为了营造健康的网络环境，2016 年 11 月 7 日，中华人民共和国第十二届人民代表大会常务委员会第二十四次会议通过了《中华人民共和国网络安全法》，其中明确指出任何个人和组织使用网络应当遵守宪法法律，遵守公共秩序，尊重社会公德，不得危害网络安全，不得利用网络从事危害国家安全、荣誉和利益，煽动颠覆国家政权、推翻社会主义制度，煽动分裂国家、破坏国家统一，宣扬恐怖主义、极端主义，宣扬民族仇恨、民族歧视，传播暴力、淫秽色情信息，编造、传播虚假信息扰乱经济秩序和社会秩序，以及侵害他人名誉、隐私、知识产权和其他合法权益等活动[6]。实现了从法律层面对网络舆情进行管理。

3. 有助于加强我国精神文明建设

在网络舆情管理过程中，相关监管部门可以及时发现网络平台中的不良信息，并采取一定的措施对其进行控制，此外，为了丰富人们的精神生活，相关网络宣传部门可适量发布正面的舆情信息，促进国家精神文明建设。

1.2.3　网络舆情管理的措施

为了强化网络舆情管理，相关部门和学者们做出了很大的努力，本书通过参考文献[7]和相关文件，融合自己的观点，对如何加强网络舆情管理做出了分析，并从以下六方面总结了网络舆情管理的措施。

1. 加强网络法制建设

法治是人类文明发展的产物，是对国家、组织、个人行为的约束，其重要性已经得到了世界各国的认可，故很多国家依据自己的国情，制定了国家层面的法治措施。法制健全亦是衡量一个国家发展水平的重要指标，其好处在于可以有效防止不法个人做出伤害他人的事情。在我国，现实生活中的法制已经比较健全，但是针对网络空间的法治建设仍需加强。针对网络平台的法律法规可约束网民的行为，可对网络舆情的管理起到极大的促进作用。当前各种网络平台充斥着虚假、谣言信息，对网民起到误导作用，严重时甚至影响个人生命安全和国家安全。针对上述现象，2016 年公布的《网络信息安全法》已经对网络信息做出了法律层面的约束。

在网络平台中，网络舆情涉及的角色包括：政府相关部门、网络媒体、网民，观察分析近几年的热点舆情事件，可以发现不良的网络舆情多来自网民，也有一些无良媒体为了增加点击量，蓄意发布一些未经证实的信息，面对这种情况，媒体应对的手段通常是两种：辟谣和删帖。国家应该出台相关法律，从不良信息的源头入手，从法律层面对其进行约束、制裁。

2. 加强网络道德建设

“道德”是衡量一个国家发展程度的重要指标，国家各级部门应重视对网络结构、网民的道德建设，使得媒体文明办网，网民文明上网，加大对违背社会伦理、败坏社会风气的无道德行为的鞭挞、惩戒。相关部门可以通过系列活动提高网民的网络道德素养。从发布者的角度而言，从道德上约束自己不污染网络环境；从转发者角度而言，要用辩证的态度对待网络信息，做到不信谣、不传谣。

3. 建立有效的网络舆情监测、预警机制

对网络舆情的监测、预警可以从两方面着手：人工监测和技术监测。当前国内的网络媒体有十几万家，新浪微博平台每天的阅读量超过 100 万条微博，互动数据量超过 10 万条微博，如果单纯依靠人工监控难度太大，漏报的概率也很大，很难做到实时监测、及时预警，所以有效实现对网络舆情的监测和预警应加强技术建设。网络监管部门、互联网相关行业与企业应加大在技术研究方面的投入，突出对重点环节的有效监控，更新技术手段，及时发现不良言论、虚假信息，并做出相应的预警处理。本书在后续章节将详细介绍网络舆情监测、预警的现有实现方法。

4. 建立有效的网络舆情应对、引导机制

综合政府、社会组织、专家学者的力量，努力建立网络舆情的应对及社会引导机制。网络平台是一个自由的、开放的平台，人人都可以发布信息，也可以转发、评论已有的舆情，所以负面舆论是不可避免的，针对这些舆论应建立应对的机制，能及时应对，实现对负面舆论的消除、化解或正向引导。

网络舆论的引导涉及多个政府部门，要建立联动机制，做到一体化协同处理，及时发现负面舆论，提出正确的引导和管理意见。尤其是对突发事件的应对和引导应是重点解决的问题。

5. 强化网络媒体建设

网络媒体是网络舆情的参与者，是网络舆情管理的对象之一，其在舆情的传播、控制、引导中起着非常重要的作用。相关部门应该采取有效的措施，加强网络媒体建设，努力将其建设成为国家文化发展的新方向、公共服务的新平台、丰富人们精神文化的新空间。当前，国内网络媒体数量很多，其中的主流媒体囊括了超过 90%的信息量，故主流媒体建设应是网络媒体建设的重要对象。

针对主流媒体，要强化其社会责任，坚决维护信息安全和人民、国家的利益，倡导文明的网络行为。因为主流媒体受到广大网民的关注、监督，故其对信息的质量监控更为严格，个别非主流媒体往往为了博取流量发布一些虚假信息，故对此类媒体的管控也是网络媒体建设的重要工作。

6. 正向发挥意见领袖的作用

意见领袖指在网络空间中具有较大影响力、较高权威度的网民，这些人并不是选举产生的，而是由自己在网络中的影响力决定。一般情况下，意见领袖的粉丝量庞大，他们对舆情的传播起着极大的推动作用。表 1-3 列出了福布斯中国统计的 2019 年国内不同领域的意见领袖及简介。

表 1-3　2019 年度国内不同领域意见领袖

编号	姓名	领域	简介
1	李佳琦	美妆	涂口红世界纪录保持者，截至 2019 今年 6 月底，他在社交媒体平台抖音与小红书上的粉丝数分别突破 2600 万人和 580 万人，抖音点赞量过亿
2	方夷敏	时尚	2019 年 4 月，奢侈品购物平台寺库推出“Becky’s Choice 黎贝卡的移动衣橱”主题展，15 天内累计销量近 2000 万元
3	崔玉涛	母婴	育学园创始人，坚持在微博上分享健康育儿知识并在线答疑，吸引超过 800 万追随者
4	李子柒	生活	通过拍摄与传统文化相关的短视频，引起广泛关注，视频体现的生活方式成为很多人梦想的方式，其全网的粉丝量高达 5500 万，海外粉丝量超过 600 万，成为宣传中国文化的博主
5	简自豪	电竞	职业游戏选手，曾于 2018 年获得年度最佳 ADC，是国内电竞行业的明星人物

意见领袖是网络舆情的重要参与者，由于其粉丝量可观，所以其发布、转发的信息会引起较大的关注。一个优秀的意见领袖应该熟悉相关法规、政策，避免发布破坏性言论，为绿化网络环境尽一己之力。

1.3　网络舆情的数据分析

1.3.1　网络舆情数据分析概述

网络舆情数据分析是发现舆情传播、演化规律、进行舆情监测的基础。我国拥有世界上最大的网民数量和网络访问量，有效进行网络舆情的分析具有重要的现实意义：对于政府而言，可以更加深入地了解人民的意愿和诉求，对政策的制定提供依据，促进国家和谐、稳定地发展；对于媒体而言，可加强对公众舆论的深层次分析，打破传统单向的信息产生模式，实现双向信息产生；对企业而言，通过舆情分析可以及时了解客户对产品的态度、建议，努力为客户提供最好的服务，进而增加客户量，提升客户的忠诚度，实现企业利润增长。

1.3.2　网络舆情数据分析步骤

我们将从认知理论和技术两个角度简述舆情分析的步骤。对于舆情分析，单独靠人工完成难度太大，尤其是当前处于大数据时代，信息量如此巨大，某个人或者某些人手动分析不现实，所以舆情分析更多的是基于一定技术完成的。

1. 基于认知的舆情分析步骤

舆情分析首先要明确该条舆情处于哪个阶段，一般情况下，舆情的发展可以分为四个阶段[8]：潜伏期、成长期、成熟期、衰退期。图 1-7 为鹰眼网提供的舆情分析报告中关于 2019 年热点话题“台风利奇马”事件的发展过程。

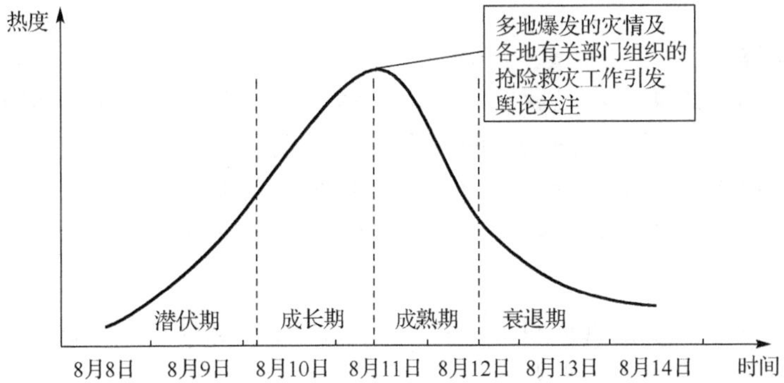

图 1-7　2019 年热点话题“台风利奇马”生命周期

观察图 1-7 可以发现在 2019 年 8 月 11 日，各种媒体报道台风“利奇马”的灾情及政府部门的抢险工作，该话题热度达到峰值。

潜伏期：这是舆情事件最开始的阶段，潜伏期是舆情事件依靠各种社会要素的积压，已经被一定的网民关注。网民在不同平台中对该话题讨论，这个过程自然也会有一些负面情绪，例如上面的台风事件中，“黄南水库被冲垮了”“永嘉300多人不见了”“济南、沈阳、威海凤凰山路变压器泡水漏电”等网络谣言滋生，“南京一男子辱骂台风受灾城市”“YY直播平台主播‘四轮子’在直播过程中调侃台风遇难者”等事件给社会造成一定不良影响。在潜伏期内，话题慢慢形成，力量不断堆积，一定程度后，话题就由潜伏期进入快速成长期。

成长期：舆情从潜伏期进入成长期后，众多网民之间对该舆情进行更加深入的交流和讨论，最终形成较为一致的群体意见，个人意见相对较弱，而统一的群体意见促使群体向同一个方向发展，形成高度一致的集体心理，个别不同的意见也可能会出现从众的现象。

成熟期：这个阶段的舆情网民参与度高、媒体关注度高、涉及范围广、融合性强，已经形成明显的主流意见，舆情的倾向性和导向性清晰，影响力也明显提高，此时舆情的热度达到峰值。

衰退期：网络舆情进入成熟期后，就逐渐进入衰退期，产生衰退的原因主要包括：事件的结束(例如，台风过去)、随时间冷却、被新的热点话题转接。但是其中有些话题虽然在一个周期内已经进入衰退，但是某个时间点可能会被再次激起，进入下一个周期，这也是网络舆情的典型特点之一——波动性。

上述内容针对的是一个周期内的四个阶段。依据上述理论确定舆情发展具体属于哪个阶段后，还需要明确该舆情在进入热点话题前的类别，包括学科的界定、类型的界定等。不同类型的舆情分析的参考依据、着手点、重视程度也不同，所以有针对性地分析舆情是实现精准分析的关键点。

2. 基于技术的舆情分析步骤

1)数据获取

进行舆情分析的第一步是获取数据。在网络平台中，常采用的数据获取方法是爬虫。运用爬虫工具可以把网络上的网页文件下载下来，下载的信息包括网页的超级链接地址、网页上的文本信息、网页上的图像信息等。这些信息将作为初始数据保存到本地电脑上，后期还要对这些数据进行有效的处理。

2)文本分类

传统的文本分类过程包括四个主要阶段：数据预处理、文本表示、文本降维、分类器，实现流程图如图1-8所示。

分析图1-8可以发现，整个文本分类过程实际上包括两个模块，上半部分的模块为训练模块，即从网络中爬取的数据经过一系列处理后训练成分类器，并采用一定的评价标准，评估分类器的性能。待分类器训练完成后，执行图1-8中下半部分的操作，即对未知类别的数据进行分类。分类的完成是网络舆情进行相关分析的基础，例如在舆情监测、舆情预警、舆情传播等过程中，均须判断后续的舆情信息是否属于监测话题，这个过程实际就是分类的过程。

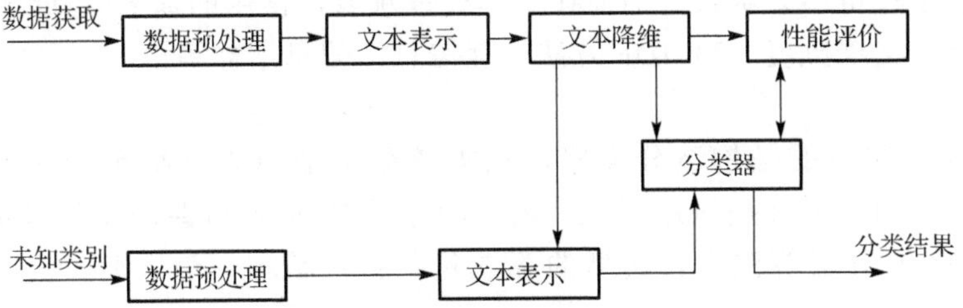

图 1-8　文本分类过程示意图

(1) 数据预处理

数据预处理的目的是从原始数据中提取有效的、便于后期分析及使用的数据，一般包括分词、去噪、特征选择。因为英文文本有空格隔开，所以分词相对容易一些，但有时候也需要把多个单词作为一个分词，比如一些专有名词如“New York”，需要当作一个词看待，此时就不能简单地依据空格进行分词。中文由于没有空格，分词就相对困难，需要专门的算法解决。无论中文文本还是英文文本，分词处理都是非常重要的数据预处理操作。现在的分词工具多基于统计分析，统计的基础样本一般源自标准的语料库。对于语料库中没有的新出现的句子，可以通过计算各种分词方法的联合概率分布，概率最大的即为最优的分词方法。当前代表性的英文分词工具为 NLTK，代表性的中文分词工具为 JIEBA。一般情况下，如果分词没有特殊的要求，可以直接使用这两个工具完成文本分词工作。

目前，互联网中大部分信息都是非结构化的，网络信息里经常包含一些和正文信息没关系或者容易产生错误引导的信息，这些信息常被称为噪声。噪声信息的存在对舆情的监测、预警、传播具有很大的影响，过多的噪声将降低舆情监测的正确率，产生误报，甚至导致话题的错误演化，产生不良的话题漂移现象，所以噪声去除亦属于数据预处理工作中的关键步骤之一。本书后续章节将对话题演化中的噪声特征识别展开相关研究。

(2) 文本表示

已有的文本表示模型包括：布尔模型、向量空间模型、概率模型。布尔模型最为简单，采用 0，1 二元制表示词语是否出现在文本中，但是该方法应用性不强；向量空间模型将文本表示为向量，该方法比较简单，而且可以直观地表示对象，所以应用性相对较强；概率模型以条件概率值的形式表示对象，能更好地实现语义检索，也是当前应用较为广泛的文本表示方法之一。

(3) 文本降维

常用的文本降维方法为特征选择，特征选择的目的是从目标对象中选择最优的子集来表示原对象，即在降低特征维度的同时，正确地表示原对象。已有的特征选择方法包括基于搜索策略和基于评价准则函数，常用的基于信息度量的特征选择方法均属于基于评价准则函数。当前在文本处理领域，常用的基于信息度量的特征选择方法包括：文档频度、TF-IDF 方法、互信息、信息增益等。

(4) 分类器

文本分类的目的是构造分类器，依据该分类器可以将给定的文本划分到某一类或多个类中(在有些应用场景，需要考虑文本的分布性，即文本属于几个类别)。在众多的分类算法中，典型的算法包括：决策树、最大熵、贝叶斯和支持向量机等。

3) 舆情分析

在上述基本操作的基础上，对于后续的网络舆情，可以通过分类器判断是否属于已有的舆情话题，如果属于则将其加入已有话题，充实原话题内容。如果在短时间内某个话题的相关舆情高密度出现，则该话题可能是热点话题，需要重点监测。对该话题的深入分析包括：话题关注度走势、媒体来源、发文密度、舆情来源区域、舆情领袖、网民情绪等。

图 1-9 为新浪舆情通对热点话题“无锡高架桥倒塌”的舆情分析结果，时间段为 2019 年 10 月 13 日 15:00 至 2019 年至 10 月 14 日 14:00，这里我们仅截取了两个舆情分析结果，分别是：图(a)话题关注度走势图、图(b)话题信息来源占比。

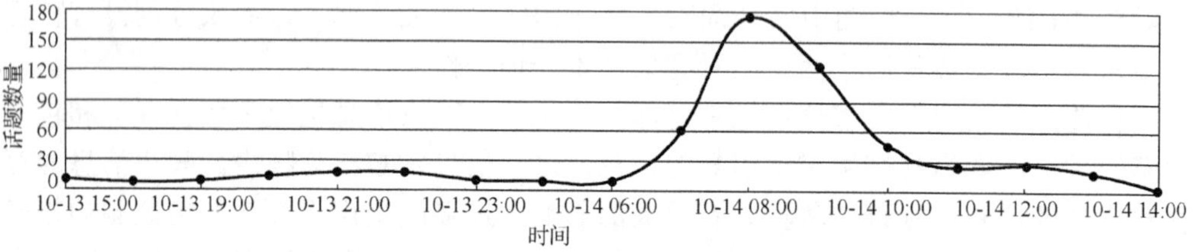

(a) 话题关注度走势图

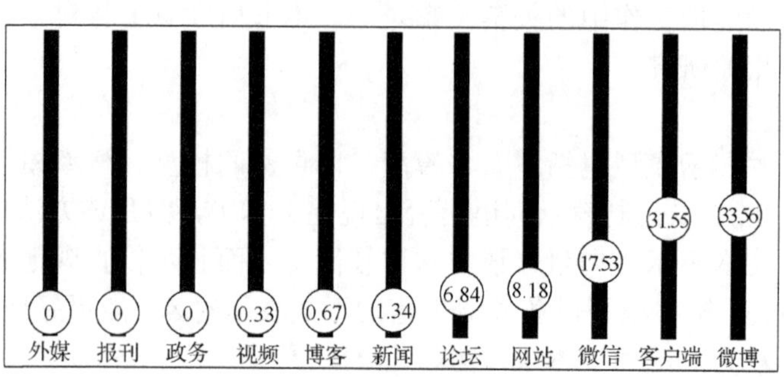

(b) 话题信息来源占比

图 1-9　新浪舆情通对热点话题“无锡高架桥倒塌”的舆情分析

1.3.3　网络舆情数据分析方法

当前常用的网络舆情分析方法主要包括：网络调查法、基于统计规则的模式识别方法、基于内容挖掘的主题检测方法等[9]。

网络调查法实际上是将线下社会调查法用在了网络平台，即在网络上进行问卷调查，操作流程和线下问卷调查类似，需要通过问卷设计、抽样调查、数据整理、数据分析等一系列操作，客观地对舆情进行分析后得到预测。网络调查法操作简单，应用非常广泛，许多网站在新闻网页下面都设有读者评论及态度的调查，另外还有一些专业的问卷调查平台，例如问卷星。

在基于统计规则的模式识别方法中，有些学者通过统计分析某时间段内用户所关注信息的记录，构建不同的指标，实现对某舆情的系统分析。例如谢海光等[10]，基于统计规则设计了舆情的 10 个分析指标：热度、重度、焦度、敏度、频度、拐度、难度、疑度、黏度和散度，实现对舆情的多角度深入分析。

在基于内容的舆情分析中，实现步骤主要包括三步：信息提取（包括信息的采集、信息的结构化处理）、信息预处理（分词、去噪、文本表示、特征选择等）、舆情分析（话题发现、话题舆情、意见挖掘、倾向分析、演化分析等），本书在前面章节介绍的从技术角度开展的舆情分析过程与其相似。

近年来，由于浅层分析技术的出现，研究者们开始注重网络舆情的情感分析，该研究方向具有很好的应用价值，有效的情感分析可以及时发现舆情中的负面情感，可帮助相关部门及时采用一定的方法做出积极的引导，避免不良情绪的蔓延。舆情情感分析方法的核心技术包括搜索引擎技术、信息组织技术以及自然语言处理技术等。

上述内容从理论上分析了主流的舆情分析方法，实际上当前市场上也出现了不少技术成熟的舆情分析软件，市场认可度比较高的软件包括：乐思舆情监测、拓尔思网络监控系统、军犬网络舆情监控系统、新浪舆情通、鹰领舆情态势系统、鹰击早发现系统等。

1.4　网络舆情的传播

随着各种网络媒体的出现和网络普及率的提高，出现了海量的网络数据资源。在大数据资源的环境下，近几年出现的快手、抖音等，由于其以视频的形式展现，内容更加直观，结合智能手机带来的便利，网民的舆情参与意识日趋增强，使得针对舆情传播的研究显得尤为重要。表 1-4 为按照相关度排序从中国知网搜索的舆情传播研究排序前 100 的文章相关信息。

表 1-4　舆情传播研究排序前 100 篇相关文献指标分析

指标编号	指标名	指标值
1	总参考文献数	4269
2	总被引数	2042
3	总下载数	210042
4	篇均参考文献数	42.69
5	篇均被引数	20.42
6	篇均下载数	2100.42

从表 1-4 可以看出舆情传播相关文献的下载量和被引量相对较高，证明该研究方向是近几年的研究热点之一。此外通过引文分析发现，100 篇舆情传播的高相关文献中，近三年占比较大，期刊来源较为明显地体现了情报方向，期刊来源主要包括：情报杂志、情报科学、图书情报工作、情报理论与实践。图 1-10 为针对这 100 篇文章的引文分析图，从图中可以发现，该方向的引文情况相对比较集中。

下面我们将从舆情传播的载体、网络舆情传播的要素、网络舆情传播的特征、网络舆情传播的阶段及网络舆情传播的模式五个方面对网络舆情传播做详细介绍。

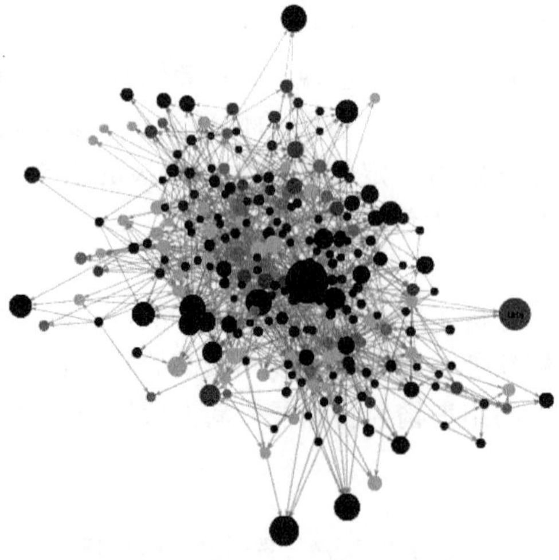

图 1-10　“舆情传播”相关文献引文分析图

1.4.1　网络舆情传播的载体

在互联网时代，无论是传统媒体还是新兴媒体都对网络舆情的传播起到了关键的作用，用于网络舆情传播的典型载体包括：电子公告牌、新闻跟帖、博客、留言板、网络社群、微博。

1. 电子公告牌(BBS)

在BBS平台中，用户可以针对某个话题或事件展开讨论，截至2014年6月份，我国使用BBS论坛的用户数量为1.24亿，网民中使用BBS论坛的约占19.6%。

BBS可以分为四种类型：①以国家媒体为依托的BBS，例如依托央视网的复兴论坛、依托人民网的强国社区；②综合商业门户网站的BBS，例如隶属于搜狐、新浪、网易等网站的BBS，此类BBS的用户量、用户的访问量最大，是热点话题的主要来源；③独立存在的BBS，例如天涯社区等；④特殊的BBS，典型代表是百度贴吧、豆瓣等，此类BBS的社交性更强，在百度贴吧中，用户可以以一个主题、一个事件、一个人物等来建立贴吧，聚集网友，共同参与话题的讨论。

2. 新闻跟帖

在前面章节我们已经简单介绍过新闻跟帖，它是一种草根化的载体，没有门槛限制，没有任何要求，用户想跟帖就跟帖，想表达什么就可以跟帖表达。现在评判哪条新闻是热点新闻，已经不取决于播出时间或是报刊版面，一条新闻是否受到关注，最重要的是新闻浏览数量的多少、跟帖数量的多少、粉丝有多少。

3. 博客

博客和个人网站类似，博客的主人可以在自己的博客中发表言论，博客的访客可以针对该言论发表自己的观点、见解。一般情况下，重大舆情事件发生后，博客数量会有较大幅度的提高，该舆情事件也会在短时间内受到广泛关注。例如早期的“郭美美事件”“药家鑫事件”“幼儿园喂药事件”“肯德基麦当劳劣质肉事件”等，事发后博客数量以千万的速度更新和发布博文，使得舆情事件受到广泛关注。

4. 留言板

留言板是一个简洁的互动平台，可以有效地搜集民意。2006年，人民网开通了留言板模块，2008年，胡锦涛总书记做客人民网，全民掀起了网络留言的高潮。2010年9月，人民网新增加了“直通中南海留言板”，网民可以依据该平台直接和国家领导人对话。留言板不仅仅可以服务于政府部门，很多综合类门户网站、商业网站、企事业单位网站大都设有留言板的功能。

5. 网络社群

网络社群突破了传统社会关系网络，使人们之间的交流更加便捷。网络社群对社会政治、经济管理等具有正面的影响作用。例如网络社群中的专业群体，其成员可以共享各种专业信息，可以将自己的专业知识传递给他人，也可以从大量共享信息中发现高价值信息，创造财富。网络社群的影响力就像一把双刃剑，有正面也有负面，其在恶性群体事件上起了一定的负面作用。作为网络社群的参与者，我们应该弱化其负面影响，共同努力构建绿色网络社群。

6. 微博

微博是当前最为主流的社交媒体，很多热点话题的舆情来源均为微博，其中以新浪微博为主。微博影响力已经不容忽视，完全超出过去对它的预测。微博通过140个字符把用户的所见、所闻、所感随时发布到网络上。微博上不仅仅有草根的声音，也有专家学者的见地，不仅有娱乐八卦新闻，也有民生热点，微博逐渐成为网络舆情形成的最重要的阵地。微博简洁方便的优势，也使事件的传播简洁方便，能快速地形成舆论，并且迅速扩散。

1.4.2　网络舆情传播的要素

相关研究普遍认为，网络舆情由舆情主体、舆情客体、舆情本体、舆情媒体四部分构成[11]。黄微等[12]认为在大数据环境下多媒体网络舆情的空间对传播过程也起到了影响作用，并将其也归为网络舆情的传播要素。

1. 舆情主体

舆情主体是舆论的参与者，依据主体在舆论参与过程中起到的作用不同，可将舆情主体分为四类：①自由主体，由与舆情事件本身无直接关系的网民组成，由于网络媒体的低门槛性，每个人都可以参与其中，都可以成为信息的制造者，其数量在所有舆情主体中占绝对优势；②领袖主体，即为网络中的舆情领袖，他们在热点舆情的形成、传播过程中起着极其重要的作用，通常由记者、评论人、专栏作家、网络大V组成，他们的声音在一定程度上既可以代表媒体，也可以代表广大网民；③管控主体，该类主体由政府机构、法律专家、发言人等组成，他们在舆情控制中起着非常重要的作用。管控主体应依据一定的技术及时发现热点话题、话题演化趋势、网民情感等，做到化解舆情危情，正向引导舆论方向；④利益相关主体，该主体主要包括舆情信息的当事人及波及的受益人和受害人，对舆情发展起着关键作用。

2. 舆情客体

舆情的客体是舆情产生的源头，是引发网络舆情的指向物。一般情况下，舆情客体包括三类，分别是：新闻事件、热点话题、公共话题，其中新闻事件的数量占比较高。

3. 舆情本体

网络舆情本体就是网络舆情信息，是由不同的舆情主体在网络空间发布的主观意见、情绪、态度等。舆情本体的来源主要为网络舆情的载体，包括：BBS、新闻跟帖、微博、博客等。随着网络技术的发展，舆情本体的表现形式呈现多样化，除传统的文本形式外，还包括图像、音频、视频等，也可以是上述多种形式的融合。

4. 舆情媒体

舆情媒体即为舆情的传播媒介，也可以称为舆情传播的媒体、渠道或者手段，是信息从传播者到接受者的传播渠道。从用户接收的角度，当前主流的网络舆情媒体传播设备有两种：计算机和移动终端，其中计算机是最早使用也是被普遍使用的一种舆情媒体，它的作用不可忽略，后期各种舆情媒体的出现、发展均是基于计算机技术，其他常用的移动终端包括：智能手机、笔记本电脑、平板电脑等。其中智能手机的出现为舆情的迅速传播提供了便利的条件，使得舆情主体可以随时随意地发布舆情、关注舆情。

5. 舆情空间

文献[12]提出，网络舆情的产生、发展及演变离不开环境的支持及影响，即网络空间，网络舆情正是在这些空间要素的互相作用下不断发生演变。新时期网络舆情空间具备如下特征：①舆论情景。言论的自由性，社会认知的更新及文化的影响等使得舆论的产生、传播等呈现新的情景。②大数据技术支持。海量数据的出现成就了大数据技术的成长，大数据存储技术、大数据检索技术、大数据分析技术以及大数据可视化处理技术等，优化了数据存储，提高了数据获取速度，促进了相关部门对舆情的实时监测。③噪声。噪声的直接体现就是信息的价值密度低，大量数据中有价值的数据仅占较少部分，舆情信息中有大量冗余信息、错误信息，这些信息对舆情的分析是不利的，故前面章节介绍中提出数据预处理的关键操作之一就是去噪。

1.4.3 网络舆情的传播特征

由于网络舆情平台的多样性、易用性等特点，促使全民参与其中，草根特征非常明显。网络舆情传播的特征主要包括以下几方面。

1. 点多、线杂、面广

网络舆情的关注点不会一成不变，任何一条信息都可能成为舆情点，如果舆情点引起共鸣则会迅速传播。舆情在整个传播过程中可能不是一条线，例如对于安全事件类舆情信息，初始话题的演化可能是事件本身的演化，也可能激发安全建设、质量等新的关注线，体现“线杂”。网络舆情涉及面极其广泛，这个面广除了体现参与角色众多、涉及领域众多外，还体现在覆盖范围广泛。

2019 年 10 月发生的李某溺亡事件仅仅在三天时间内，该事件涉及室友、公安局、司法机关、昆明医科大学、记者、派出所等多方面。在地理范围方面，该事件迅速传播至全国一半的省市(图 1-11 为该事件关注度较大的前 9 个地区排名及发文量，截止时间为 2019 年 10 月 15 日上午 10:20)，该实例很好地体现了网络舆情的线杂、面广特点。

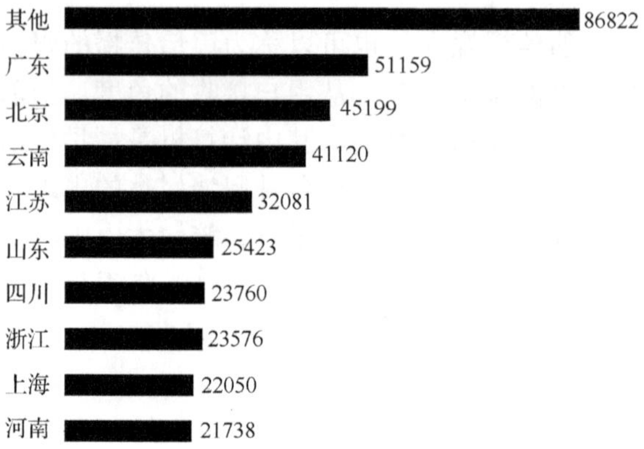

图 1-11　李某溺亡事件地理范围分布排名

2. 互动、即时、自主性强

互动性也可以称为交互性，任何一个人可以成为“舆情的制作者”，也可以成为舆情的转发者、评论者、点赞者。转发、评论、点赞很好地体现了舆情传播的互动性，也是加速舆情传播的关键。一条舆情信息在发布之初，只是一条普通的信息，只有被大量网民大规模转发、评论才会引起全民关注。互动性在网络舆情相关研究中起着非常重要的作用，社区发现、舆情监测、兴趣挖掘等研究都可以基于互动性展开。即时性，即随时可以发布信息，没有时间限制，如果事件发生在凌晨，则可以凌晨在网络上发布舆情信息。我们是倡导言论自由的社会，每个人都是一个自由体，可以以不同舆情主体的身份在网络上发表自己的态度、意见等。

3. 微传播、病毒性传播

截至 2019 年 6 月，我国的网民数量达到 8.64 亿，规模非常庞大。在网络平台中，看似一个人对某条舆情的关注、评论、点赞的作用微不足道，但如果所有的网民都参与其中，就会形成快速的聚集，个人观点就会变为全民意见，这种“微传播”就会形成惊人的“病毒传播”，在短时间内形成信息链、时间链及发展链。

4. 突发性明显

突发性是网络舆情的典型特点之一，也是导致网络舆情难以控制的主要原因，因为“突发”，可能没有充分准备，所以此时的危机处理显得尤为重要。考虑到网络舆情突发性的重要性，国内外研究者们对其展开了深入研究，使其成为网络舆情领域重要的研究分支之一。通过从中国知网搜索“突发事件”主题相关论文，发现截至 2019 年 10 月 15 日，近几年关于网络舆情突发事件的学术论文有 3610 篇。能引起全民关注的舆情信息，其突发性尤为明显，例如对于民生、安全等事件。

5. 利益选择特征明显

受各种因素的影响，网民和舆情媒体呈现明显的利益选择特征。对于一般网民而言，喜欢传播和关注自己感兴趣的舆情信息。另一个角度，某些不良媒体，为了自己的利益，博取更多的眼球，获得更多的点击量，可能会在舆情传播过程中发布谣言信息，使舆情产生不良的传播形态，甚至影响社会安定。

6. 波动性明显

前面章节我们简单介绍了网络舆情的生命周期，纵观网络舆情的长期发展，并不是所有的舆情只有一个生命周期，有的舆情会呈现明显的波动特征。例如对于热点话题“川航 8633”：2018 年 5 月 14 日，该航班从重庆飞往拉萨途中出现故障，情势危急，在机长的努力下，全机人员安全着陆。此事件一经发出，立即引起全民关注，成为当年的热点话题之一。随着时间的推移，该事件的热度逐渐降低，完成一个生命周期。2019 年 9 月 30 日上映的影片《中国机长》，依据上述真实事件改编，一经上映引起了全民关注，再次激活“川航 8633”话题，使其再次成为热点话题，出现新的波峰，进入下一个生命周期。类似地，在未来有可能由于某个原因该事件再次成为热点话题，开启一个新的生命周期。纵观长期发展，发现舆情在传播过程中具有明显的波动特征。波动性是舆情话题的典型特征之一，很多话题都具备波动性，图 1-12 为李某溺亡事件的传播过程，观察该图可以发现，在监测时间段内，该事件出现了两个波峰，呈现了明显的波动特征。

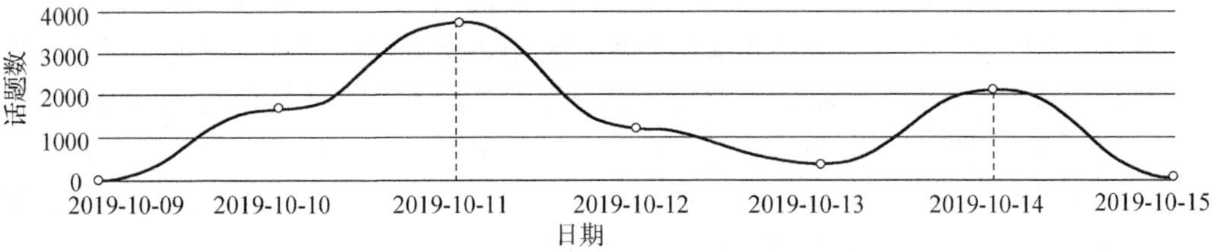

图 1-12　李某溺亡事件的传播过程

1.4.4　网络舆情的传播阶段

研究者们从不同角度出发，分别提出了舆情传播的三阶段、四阶段、五阶段和六阶段模型。这些阶段很好地体现了舆情的真实传播过程，有助于对舆情演化展开研究。

1. 三阶段

早期相关研究一般将舆情的传播过程分为发生、变化、结束三个阶段，该划分方法简单明了，但过于抽象且对舆情传播的解释能力不强。不同学者面对解决问题的不同方面，形成了不同的三阶段理论：例如，徐敬宏等[13]以“非常规突发事件网络舆情”为研究对象，提出将舆情传播分为产生、传播、整合三个阶段；兰月新等[14]运用软件抓取舆情信息，通过统计分析将舆情传播划分为潜伏期、扩散期和消退期。虽然上述几种三阶段模型形式不同，但本质都是依据“发生、变化和结束”模式划分的。

2. 四阶段

为了更为形象地描述舆情的传播过程，相关学者将三阶段模型扩展为四个阶段，四阶段模式的研究可以划分为五类：①第一类将舆情的四阶段传播划分为涨落、序变、冲突和衰退，该划分方法的优点是可以体现舆情演变的特点，缺点是逻辑不合理；②为解决第一类研究存在的逻辑问题，研究者们提出了四段三关[15]的划分方法，四段即散播、集聚、热议、流行四个阶段，三关即爆发、升华和延续，该类研究的优点是体现了四个阶段的逻辑关系，解决了第一类研究的缺点，不足之处是没有透彻地分析每个阶段的舆情发展情况；③第三类研究通过分析舆情形成过程中涉及的方方面面，将舆情传播划分为潜伏期、突发期、蔓延期和终结期四个阶段[16]，有效解决了第二类研究存在的弊端；④第四类研究通过分析舆情传播的特点，将舆情传播划分为形成期、爆发期、缓解期、平复期四个阶段[17]，更加形象地体现了舆情的演化过程。

3. 五阶段

基于生命周期理论，文献[18]将网络舆情中的突发事件发展划分为五个阶段，分别为：潜伏期、萌动期、加速期、成熟期和衰退期。五阶段可以较好地反映舆情事件在每个阶段的特点，为找出舆情发展过程中每个阶段的应对方式提供了理论支持[18]。此外，文献[19]也将舆情的传播划分为五个阶段，但是其出发点与上述方法不同，他们将舆情传播分为早期传播阶段、社会知情阶段、社会表达阶段、社会行动阶段和媒体纪念阶段，该方法周期性地对网络舆情从产生到发展再到行动进行阐述，为网络舆情的管理和控制提供了有效的建议。

4. 六阶段

在 Web2.0 环境下，网络舆情表现出与以往不同的特点，为了更加直观地阐述舆情的发展与传播过程，文献[20]将舆情的发展划分为六个阶段：潜伏、成长、蔓延、爆发、衰退和死亡。该方法的优点是能够较为准确地描述新的网络环境下舆情的发展过程。此外，文献[21]提出了另一个六阶段模型：潜伏期、爆发期、蔓延期、反复期、缓解期和长尾期。与第一个六阶段模型相比，二者存在以下两点不同：①第二个六阶段模型在舆情传播过程中加入了反复期，该模型认为虽然随着时间的推移、用户关注点的变化、新话题的出现，已有话题会出现衰减，但是在某个时刻由于受到一定的刺激该话题可能会被再次激活，进入反复期。事实上，这个反复期体现了舆情话题的波动性。②第二个模型的最后一个阶段是长尾期，而第一个模型的最后一个阶段是消亡期。通过观察舆情事件的发展过程，长尾期更加符合实际情况，即舆情话题不会完全消失，仍有少量网民关注该话题，只是量小而已，形成明显的长尾效应。

图 1-13 是我们在 2019 年 10 月 17 日上午 8:38 对“无锡高架桥倒塌”事件的监测结果图，到监测截止时刻，虽然该事件已经热度大减，但依然有 8 条针对该事件的舆情信息，形成明显的长尾效应。

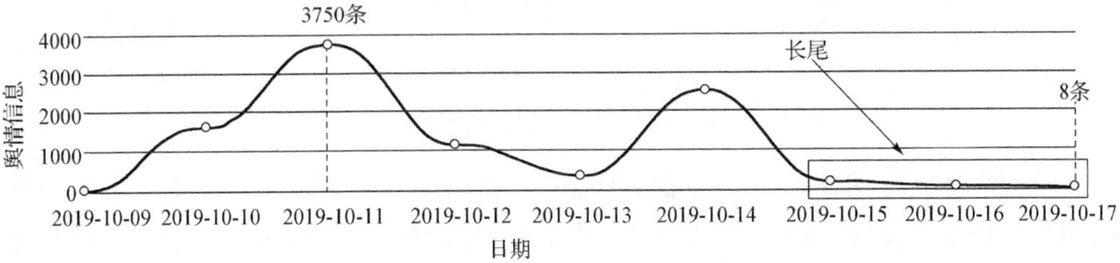

图 1-13 “无锡高架桥倒塌”实时监测结果

综上分析，第二个六阶段划分方法更符合舆情传播的实际情况，此外，该理论的另一个优势为：它对每一个阶段都进行了明确的划分，而且对一个阶段发展到另一个阶段进行了阈值计算，使得各阶段的划分更加清晰。理论上，第二个六阶段划分方法中每个阶段的阈值设置不能完全依据理论确定为统一固定的值，因为不同事件发展情况不同，完全统一的阈值理论不太适合，需要主观和客观结合才可以获得更好的效果，故该方法中的阈值设置是一个较好的研究点，可以结合自适应理论对其展开相关研究。

1.4.5 网络舆情的传播模式

网络舆情传播模式的研究对于保障网络舆情有序发展，更好地丰富社会舆论，保障信息的有效传递起到了积极的作用，同时对消除舆情传播过程中存在的谣言隐患也起到了重要的作用。下面从基于复杂网络理论和基于经典传播模式两个角度简述网络舆情的传播模式。

1. 基于复杂网络的网络舆情传播模式

具备自组织、自相似、吸引子、小世界、无标度五个性质中部分或全部性质的网络称为复杂网络，互联网本质上属于复杂网络。复杂网络的典型特征包括：小世界、集群和幂律分布，其中幂律分布的特征尤为特殊，为了揭示幂律分布的产生机理，Barabaxsi 等[22]构建了 BA 模型，该模型是一个具有无标度特性的网络模型，具有两个显著的特点：一是网络规模可以无限增大，二是高链接的节点具备被优先链接的权利。BA 模型给出了单核心型、多核心型和链式型三种网络舆情传播模式，其简化示例如图 1-14 所示。

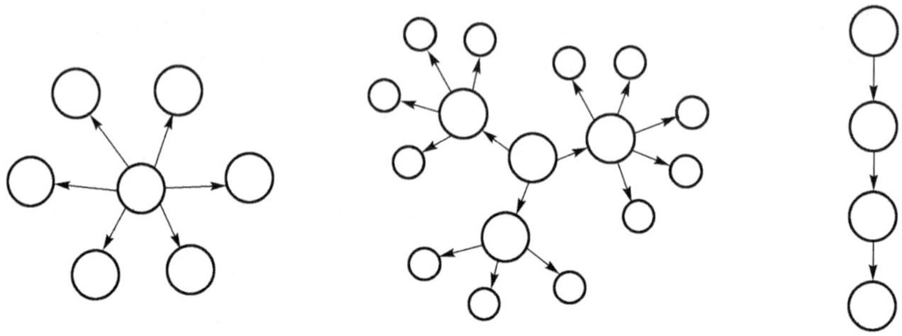

(a) 单核心型　(b) 多核心型　(b) 链式型

图 1-14　BA 模型中网络舆情传播的基本模式

单核心模式下舆情信息的传播速度最快，中心位置的核心节点多为权威度较高的用户，例如意见领袖或政府部门等，中心节点的感染力和凝聚力都较强；链式传播模式从小范围开始，作为传播的节点不一定为权威度高的节点，逐层传播，扩散性较弱。多核心型传播模式包括中心节点和桥接节点，如图 1-14(b) 中的中心节点为强势节点，其将舆情传播给三个桥接节点，然后由桥接节点以单核心传播的形式将舆情信息传播出去。多核心模式的舆情传播影响力最大，其为最常用的舆情传播模式。三种传播方式隐含有相似的传播机理，可用 SIRS 模型(传染病模型)[23]解释，模型图如图 1-15 所示。

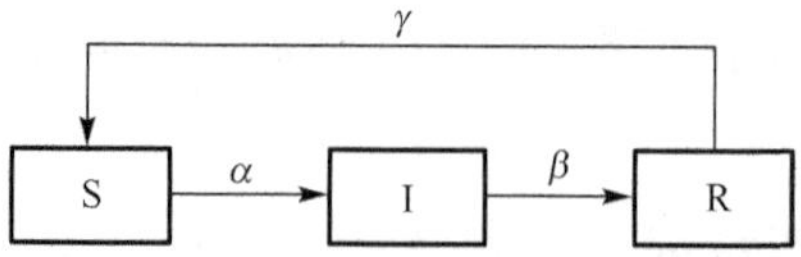

图 1-15　SIRS 传播模型

图 1-15 中，SIRS 模型将舆情传播系统中对象的状态定义为三种，分别是：易感染状态(S)、感染状态(I)、免疫状态(R)。依据该模型，信息在传播的过程中，易于感染的对象被感染，被感染的对象获得免疫能力，而处于免疫状态的对象在具有一定免疫力的同时以一定的概率或在其他原因的作用下失去免疫力，重新变为易感染状态。在网络舆情传播的过程中，SIRS 模型综合考虑了舆情传播的裂变性以及舆情话题的衍生性等特点。舆情话题的社会影响力越大，该事件传播的速率越快，

波及面越广，依据 SIRS 模型，整个舆情传播过程中参与者可以分为易感染舆情参与者、已感染舆情参与者、针对某舆情的辨别力者。

2. 基于经典传播模式的网络舆情传播模式

陈璟浩等[24]结合网络舆情的相关定义，以已有的传播理论为基础，提出了针对突发事件的网络舆情传播模式，如图 1-16 所示。图中节点 A,B,C 中深色部分表示不同角色之间相互对信息的理解程度，白色部分表示各自对信息的理解程度，其余符号的含义如下：

X 代表突发公共事件中产生信息的任何事物；

A 表示突发公共事件中具有某种意图的传播者；

C 为负责发布突发事件的政府宣传部门或者网络媒体，它们负责对 A 提供的舆情信息处理，并核实好后传播给受众 B；

B 表示舆情受众或者参与突发事件网络舆情的行为角色；

X' 表示经过有意图的传播者组织与解释后传递给 C 的危机舆情；

X'' 为网络媒介组织通过自己加工整理后向受众 B 传播的危机信息；

X_3C, X_4C 表示某些舆情信息可以由网络媒体或者政府部门自己观察获得；

fBA 表示受众 B 直接向原始信源 A 进行反馈；

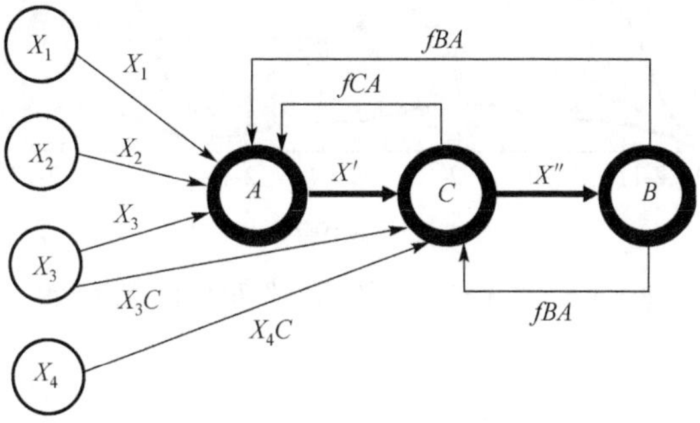

图 1-16 突发公共事件舆情传播模式

fBC 指受众 B 通过与网络媒体接触或是对受众 B 研究分析得到的反馈；

fCA 指网络媒体和负责突发事件的政府部门直接向信息提供者反馈。

图 1-16 所示的传播模式综合考虑了管理部门对突发公共事件舆情信息的控制作用和信息收发双方对舆情信息的吸收过程。

1.5 网络舆情的监测

网络舆情的监测是相关部门或人员通过人工或者平台对网络上公众的言论、观点进行监测，进而进行预测的行为。舆情监测的相关研究基于上述舆情分析、舆情传播理论，所以前面介绍的舆情分析平台也具备舆情监测的功能。

从舆情监测涉及的相关技术及舆情监测的过程而言，舆情监测是指整合网络信息抓取技术(信息获取)和数据处理技术(包括预处理、数据分析、可视化处理等)，实现对网络舆情的监测和新闻话题的识别与追踪，最终形成可视化的图表、报告等形式，为相关部门进行舆情预警和引导提供依据。舆情监测的及时性、准确性是其追求的主要目标。

图 1-17 为新浪舆情通监测平台对“无锡高架桥倒塌”事件的敏感度监测，图中上面的曲线为敏感度，下面的曲线为非敏感度。观察图 1-17 可以发现，该事件在短时间内敏感度有大幅度提高，应引起相关部门的重点重视，做出积极引导。针对该事件无锡市政府及时发布回应，进行权威发布，并明确对不实言论进行辟谣，平复全民危机感，如图 1-18 所示。

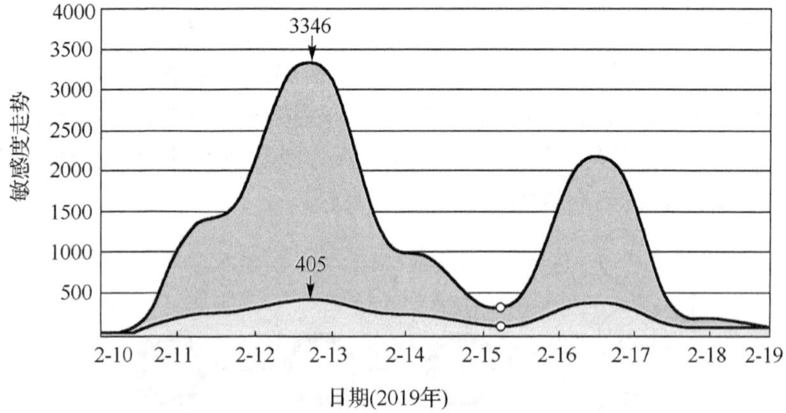

图 1-17　“无锡高架桥倒塌”事件敏感度走势

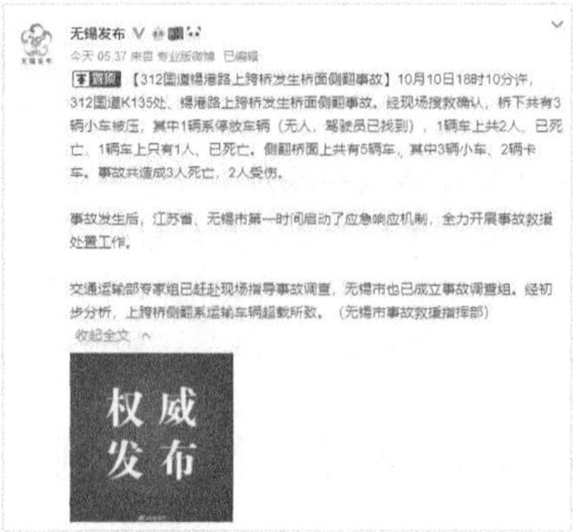

图 1-18　无锡市政府回应“高架桥倒塌”事件

1.5.1 网络舆情监测的意义

舆情信息监测的意义可从上面的“无锡高架桥倒塌”事件的发展、处理过程看出：及时监测舆情信息的状态，并对其进行有效引导，可以避免不良信息的蔓延。网络平台的草根性，使其充斥着大量的非理性信息、小道信息，如果不及时采取有效的应对、引导措施，可能会造成不良的后果。下面从政府、企业、个人的角度简述舆情监测的意义：

对政府而言，政府实施舆情监测除了可以发现舆情的发展态势，做出正确引导、营造良好的网络环境外，还可以通过舆情监测了解社会各个阶层民众的情绪、态度，为制定政策法规提供数据支持。

对企业而言，有效监测、第一时间了解、及时应对网络上关于企业的正、负面信息非常重要，该工作是企业保持健康良好的形象和利润值的关键。此外，一个企业想屹立于市场，应及时通过舆情监测技术获得竞品的相关信息，保持自己产品的优势，做到知己知彼。

对个人而言，舆情监测中的辟谣环节，可以帮助网民理性地对待网络事件，做到“不信谣，不传谣”。

1.5.2 网络舆情监测模型

《2018 年中国互联网舆情分析报告》显示，截至 2018 年 3 月，微博月活跃用户达到 4.41 亿，网络直播用户规模达到 4 亿，这些用户产生了极其庞大的信息量，如果舆情监测靠人工完成，难度太大，故当前主流的方法是技术监测结合人工判断。

在技术支持下，不同部门、角色具体采用的舆情监测流程可能不同，但大都涵盖三个环节：①制定危机处理方案，通过分析针对各类不同的舆情事件提前做好应对方案，当突发事件发生时可及时提出应对策略；②采用有效的舆情监测技术，实时关注舆情的发展态势，并及时对获得的舆情数据进行分析；③建立有效的信息沟通机制，当突发事件发生后，可以第一时间与舆情涉及的部门进行沟通。

在舆情监测过程中，前两个环节的关键技术之一就是文本挖掘技术，文本挖掘在舆情监测中显得尤为重要，当前主流的舆情监测模型均基于文本挖掘技术。网络文本挖掘是对海量文本进行表示、特征提取、内容总结、聚类、分类、关联分析、语义分析、倾向分析的技术。图 1-19 为基于文本挖掘的网络舆情监测模型[25]。

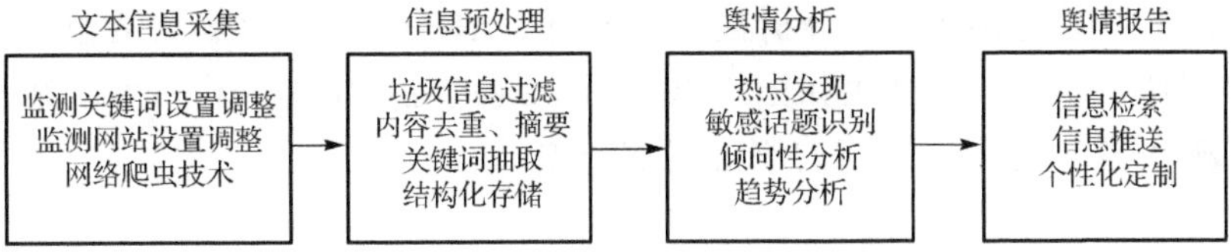

图 1-19 基于文本挖掘的网络舆情监测模型

对比舆情监测模型和 1.3.3 节的舆情分析步骤，可以发现，二者的相似度很大，前三步部分基本相同，出现这种情况的原因是舆情分析是舆情监测的中间步骤。故本节不再赘述上述模型的文本信息采集、信息预处理、舆情分析。舆情报告的目的是运用可视化处理技术将舆情分析的结果形象地表示出来。报告包括热点专题、近期热点关键词、近期热门文章等，基于这些信息可以分析一段时间以来的舆情趋势、热度图、敏感度趋势图、来源统计等。依据舆情分析的结果，可以在相关领域延伸出个性化推荐、个性化定制等服务。

1.5.3 网络舆情监测相关技术

本节依据图1-19 所示的网络舆情监测模型，对舆情监测过程中涉及的关键技术、热点研究问题做简单介绍，使读者深入认识舆情监测的实现过程。

1. 网络舆情采集和提取技术

网络舆情通过不同的舆情传播平台形成、传播，这些平台呈现的主要是动态的网页，提供的信息也是零散、非结构化的信息，如何有效提取这些信息是一个热点研究问题。当前的网络爬虫工具均是基于一定的信息提取理论设计实现的，其中一个代表性的信息抽取技术为：基于 Wrapper 理论实现动态网页的数据抽取与集成。

2. 网络舆情话题发现与追踪技术

在不同的网络平台中，网民讨论的问题各种各样，内容涉及生活的方方面面，如何将杂乱的信息捋顺，并找出其中的热点话题是舆情监测领域的一个热点研究分支。早期的话题识别技术的代表性研究成果来自 Allan[26]，其在相关研究中考虑到信息检索与话题识别的共性，尝试将较为成熟的信息检索技术移植到话题识别中，并实验验证了其合理性。话题追踪技术是话题识别技术的有效补充，即追踪已有话题的相关新闻报道、充实话题内容、实现话题的有效演化。本书的核心研究内容隶属于话题识别与追踪，故第 2 章将对该技术做详细介绍。

3. 网络舆情倾向性分析技术

通过对网络舆情进行倾向性分析，可以了解舆情传播者的情感、态度、观点、立场等。舆情倾向性分析实现的关键是对用户情感的提炼，主要依据计算机技术实现。《2018 年中国互联网舆情分析报告》针对 2018 年度 20 个热点话题，对网民进行了七种情绪分析，分析结果如图 1-20 所示。通过这些情绪分析，可以帮助相关部门及时了解民意，为相关政策的制定提供依据。

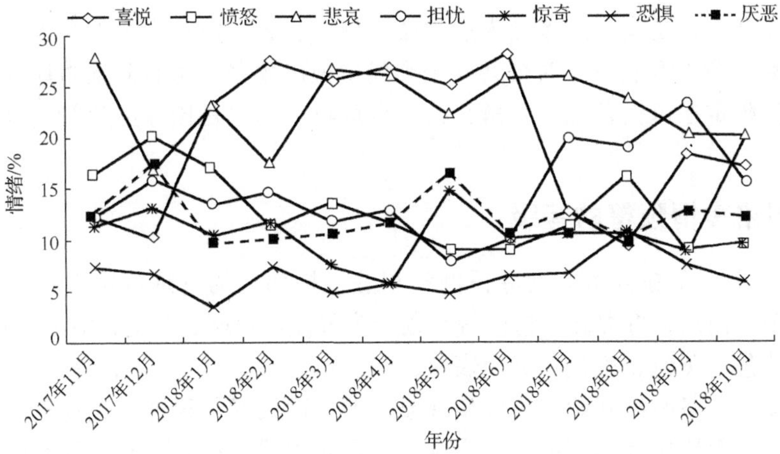

图 1-20 2017～2018 年网民七种基本情绪走势[1]

4. 多文档自动摘要技术

在各种网络平台中包含很多垃圾信息，多文档自动摘要的目的是自动对这些平台的信息进行过滤、提炼，获取能准确表达有价值信息的文摘，便于后期的信息查询和获取。文摘是全面、准确地反映内容的简单连贯短文，该短文将文本作为句子的线性序列，将句子视为词的线性序列。

1.6 网络舆情的预警

网络舆情的预警是指在危机舆情爆发之前，依据数据分析对其走向做出预测，并对其发展进行有效控制，从而达到化解危机的目的。舆情预警的关键点是“尽早发现、及时控制”，并通知相关部门提前做好有效的应对准备。

1.6.1 网络舆情预警的内容

网络舆情预警重点针对的内容包括：政治、公共突发事件和公共安全事件[27]。

国内外重大的政治事件，以及国内外的敌对势力为了自身利益精心策划、散布的政治谣言，对国家的稳定性造成极大的威胁和危害，针对这些政治类舆情应在其可能成为热点之前做出预警。

公共突发事件包括公共卫生类、重大自然灾害类、重大生产事故等，这类事件的典型特点就是“突发”、不可预知。分析已有的这类事件可以发现：这类舆情传播速度极其快，负面情绪占比高，而且在初期可能会出现一定量的谣言。对该类事件及时预警，可避免出现危及公共安全、浪费公共资源等损失，形成有效的信息传播与舆论监督，营造绿色的网络环境。

公共安全事件是指危及多数人的生命、健康和公共财产安全的事件。通过风险评估、监测监控等方法及时对公共安全类舆情做出预警，可有效地将萌芽状态的公共安全事件限定在可控范围，化解公共安全危机，这也是国家应急管理体系的主要功能之一。

1.6.2　网络舆情预警的等级

黄鸣刚等[28]在综合考虑国际惯例和相关机构部门的管理规定以及网络舆论发展趋势三个方面后，将网络舆情的等级划分为轻度、中度、重度、特重度四个等级，分别采用蓝色、黄色、橙色、红色表示。

蓝色级：网络舆论开始出现聚集现象，但是网民对此事件的关注程度还处于比较低的阶段，舆情传播的速度也较为缓慢，影响力比较小，此时还没有转化为行为舆论的可能性。

黄色级：出现了网络舆情的局部范围扩散，网民对舆情关注的程度已经比较高，传播开始加速，但是舆情的影响仍然局限在一定的范围，不完全具备转化为行为舆论的可能性。

橙色级：该阶段已经出现了网络舆情的全范围扩散，网民对该舆情的关注程度已经比较高，且已经引起境外媒体的关注，传播速度明显加快，舆情信息的影响已经扩散到较大的范围，此时已经具备转化为行为舆论的可能性。

红色级：舆情信息已经出现了明显的社会影响力，多数网民对该舆情持续关注，热情高涨，已经激发众多媒体的高度关注，传播速度极快，需要投入极大的关注，做出高度预警。

1.6.3　舆情不同传播阶段的预警重点

本章 1.4.4 节依据生命周期理论介绍了舆情传播的三阶段、四阶段、五阶段、六阶段划分方法，最初的三阶段划分虽然比较抽象，但在网络舆情相关研究中应用较多，本节依据三阶段理论，分别介绍网络舆情在不同传播阶段的预警重点。

1. 前期阶段

起始阶段，网络舆论信息还比较隐蔽，难以判断该舆情是否会引起高度关注，会不会在没有成为热点话题前就被其他海量舆情信息淹没。针对这类舆情信息，通常采用“预判式”的预警方法，重点在于监测舆论强度的变化和扩散能力的高低，如果二者有增强趋势，则必须加以监控；如果二者有减弱趋势，则可解除监控。

预判式预警：由于该阶段舆情处于初期阶段，故此时的预警更多基于预测，即预先做出判断，可依据计算机领域已有的预测算法结合不同类舆情的特征展开。

2. 中期阶段

在中期阶段，网络舆情的发展已经进入稳定期，面临着不同的发展方向，处理得当，网络舆论就会保持稳定，热度削弱；处理不当网络舆论可能会持续增强强度、敏感度，此时应该采用“趋势式”的预警方法，重点监测网络舆情的发展趋势，及时做出预警处理。

趋势式预警：此时舆情基本形成，其走向直接影响后期的控制，趋势式预警依据相关的舆情信息勾画其发展趋势，对未来的趋势走向做出预警。

3. 后期阶段

当网络舆情从中期发展到后期，舆情处理基本进入尾声，此时网络舆情的发展进入长尾阶段，长尾不等于消失，此时还需要注意出现舆情反弹的现象，即某些因素促使舆情重新唤醒进入下一个生命周期。在后期阶段，应采用“鉴定式”的舆情预警方法，注意民众对舆情处理的满意度。

鉴定式预警：此时舆情的一个生命周期基本结束，相关部门完成对舆情的处理，处理是否合理、民众是否满意是影响该舆情是否会被再次唤醒的重要因素，鉴定式预警是对舆情处理结果的一个判定。

1.6.4 网络舆情预警指标构建

构建合适的舆情预警指标体系是进行及时、准确预警的关键，本节在介绍舆情构建原则的基础上，简单介绍一下文献[27]提出的舆情预警指标体系。

指标的选择应该精、准、全，即舆情预警的指标要精炼，不能出现内容重叠，否则会影响最终预警值计算的准确度。“准”即选择的指标能准确地反映舆情信息的热度，“全”和“精”并不冲突，要在“精”的前提下，实现全面舆情监测。具体构建原则为：

指标值便于量化：舆情预警是通过预警值的计算判断舆情是否被高度关注，只有依据可量化的指标才可以计算出具体的数值，所以在构建舆情指标时，指标的选择要遵循“易操作，可量化”的原则。

指标的选择具有导向性：要求各个指标可以真实地反映舆情的实际发展趋势，预警结果必须具有可参考性，否则就失去了预警的价值。

构建的指标具有相对的稳定性：虽然不同舆情发展方向不同，传播路径也不尽相同，但指标的构建要达到“以不变应万变”的相对稳定性，或者具有可扩展性，能动态调整，能适应于不同的舆情发展。

在上述原则的基础上，依据不同理论可构建出不同的指标体系：黄鸣刚[28]依据舆情的生命周期按阶段构建了舆情的指标体系，郝楠等[29]依据舆情传播过程中参与的角色构建了一种舆情预警指标体系，如图 1-21 所示。

依据舆情预测的基本理论，将上述指标量化、融合，最终可计算出舆情的预警值，当该值大于一定阈值，该条信息将进入预警状态。预警指标体系的构建是舆情预警的重点。个人认为，针对该方面的研究可从两个角度展开：一是从不同的角度构建舆情预警指标；二是在已有的舆情指标大类中，小指标细化，或者采用不同的、更为合理的量化方法；三是采用有效的方法将不同指标值有效融合。

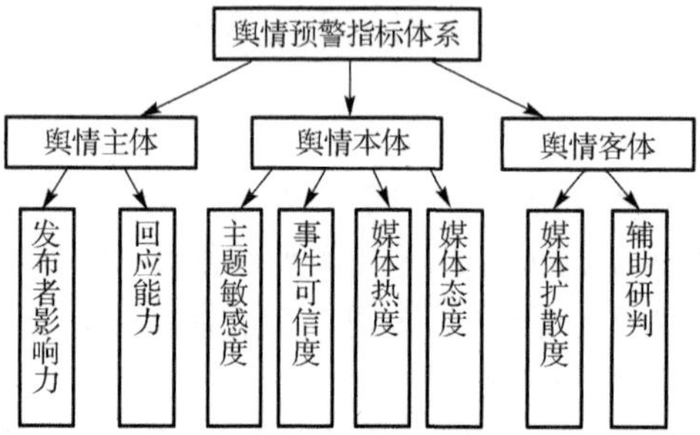

图 1-21　网络舆情预警指标

1.7　本 章 小 结

本章通过梳理已有的网络舆情研究，发现现有研究多围绕网络舆情的管理、分析、传播、监测、预警展开，据此本章在对网络舆情基本知识(定义、特点、分类)介绍的基础上，介绍了主要的研究分支。

网络舆情属于典型的交叉学科，研究方向涉及政治学、社会学、传播学、情报学及计算机科学。其中，网络舆情中的民意、公共政策等涉及政治学相关知识；舆情的发展、舆情对网民人格的影响等涉及社会学相关知识；网络舆情的传播、演化涉及传播学的相关知识；舆情信息的统计、分析及数据处理涉及情报学的相关知识；舆情监测、舆情预警等的实现多基于计算机技术。

目前，国内展开舆情研究的代表性机构包括：清华优讯舆情实验室、山东大学舆情研究中心、新华网网络舆情监测分析中心、人民网舆情监测室等。国家对舆情的重视度日趋加强，舆情研究已经成为当前一个热点研究方向，本书关于热点话题发现及演化研究属于网络舆情的研究范畴。

第 2 章　话题识别与追踪

本书在第 1 章详细介绍了网络舆情的基础知识和相关研究，通过第 1 章的知识介绍，我们已经知道网络舆情是指网民对社会的态度、信念和价值观在网络平台上的体现。当话题在网络上被广泛关注时，通过识别技术，如果在短时间内发现大量舆情信息均属于该话题，则该话题很可能是热点话题或者敏感话题，需要引起足够重视，这个过程即为“话题识别与追踪”。

本章介绍的“话题识别与追踪”知识属于网络舆情的研究范畴，和舆情发现、舆情监测、舆情预警交叉性很大。图 2-1 为从中国知网输入查询词“话题识别与追踪”检索到的相关文献主题分布图。观察图 2-1 可以发现，在话题识别与追踪的研究成果中明显体现了和网络舆情研究的相关性。

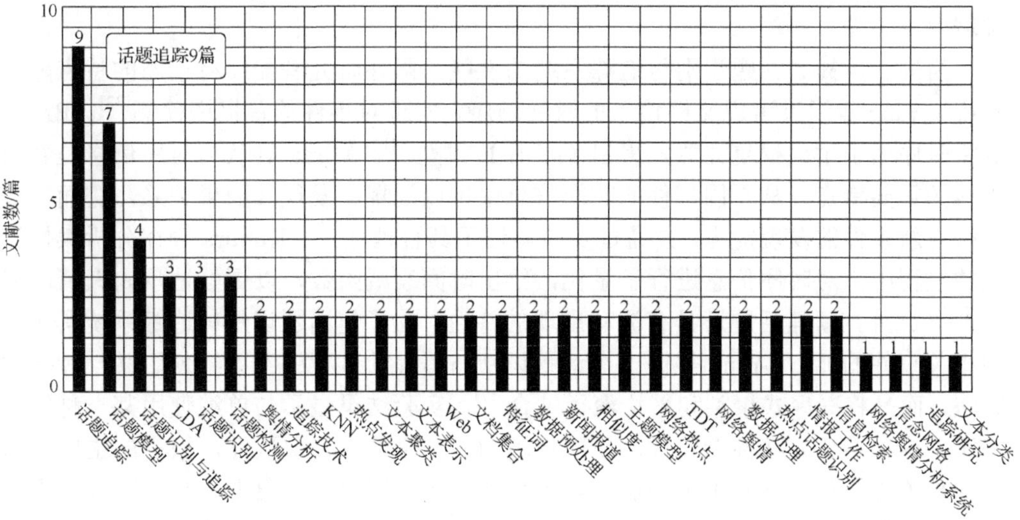

图 2-1　话题识别与追踪不同研究主题分布

2.1　话题识别与追踪研究前沿及发展历程

2.1.1　研究前沿

面对爆炸式涌现的各种新闻信息，靠人工处理、获取、监测这些信息是不现实的，话题识别与追踪(Topic Detection and Tracking，TDT)技术就是在这样的背景下产生的。自 1996 年起，美国国防部高级研究计划局(DARPA)以及美国国家标准与技术研究所(NIST)每年资助召开 TDT 评测会议，以推动该方向相关研究的深入发展。

话题识别与追踪技术可以实现对杂乱信息的有效梳理，其实现过程主要包括三个环节：话题建模、相似度计算和阈值估计[30]。初期的话题识别与追踪研究主要集中于话题建模、新闻话题特点挖掘。随着该话题识别与追踪研究的深入展开，其研究分支不断细化，热点话题发现和话题演化已成为该领域的研究热点。

国外对话题识别与追踪的早期研究主要采用聚类、分类方法，或者二者的结合。1998 年，参加话题识别与追踪评测会议的大部分团队在实现话题识别与追踪时采用了单路径聚类算法，而 CMU 与之不同，他们尝试采用凝聚层次聚类算法，但实验结果显示单路径聚类算法的性能略优[31]。Papka 等[32]采用实验的方法对比了不同聚类算法的性能，并尝试将不同方法进行融合，该项研究在一定程度上提高了传统的、单一的聚类方法的性能。后期的研究者陆续将 K-最近邻、决策树、线性分类器等分类算法应用于话题识别与追踪。训练样本是否充分是决定分类器性能好坏的关键，而话题识别与追踪的预知样本很少，一般为 1～4 个，所以直接将分类方法应用于该领域存在弊端。

为进一步提高话题识别与追踪系统的性能，国外研究者陆续将话题的特点融入系统。Yang 等通过考虑文档输入的时间顺序，实现对事件的首报道检测[33]。Brants 等将时序用于术语权重计算，提出 ITF-IDF 模型[34]。Mirza 等认为时序信息是新闻语料的重要特点，从不同事件的时间信息中可以挖掘、发现其因果关系，进而提高系统对新事件的发现能力，并通过实验验证了其合理性[35]。Kimura 等在分析舆情形成的过程中，对时序信息进行了量化，给出时间衰减函数，以更好地反映舆情的演化[36]。此外，新闻话题还具有波动出现的特性。为了使话题识别与追踪系统具备回顾相关事件的能力，Yang 等提出在话题识别与追踪的过程中不单纯使用某一种聚类算法，而是将凝聚式聚类和平均聚类结合[37]，实验结果显示与单纯使用某一种算法相比，这种结合方法性能较优。新闻报道的另一个特点是层次性，报道的主题与话题的相关程度往往分布于不同层次。为体现话题的层次性，出现了基于凝聚层次聚类的话题识别与追踪算法。该算法虽然考虑了话题的层次性，但缺点也很明显，即时间消耗和空间消耗很大，所以应用性较差，为此研究者们尝试对其进行改进，突破性的研究来自 Cutting 和 Trieschnigg，他们将混合聚类算法和层次聚类算法融合，在一定程度上降低了凝聚层次聚类算法的缺点[38,39]。

国内部分研究者也采用了基于聚类的话题识别与追踪，多采用层次聚类思想[40-42]，其他研究者更侧重基于新闻报道本身特点的相关研究。新闻报道不同于普通文本，有其固有的特点，例如，实体元素、时间信息等。国内较早将命名实体[43]融入话题识别与追踪的研究来自贾自艳等。刘素芹等采用命名实体词汇和文本内容词汇相结合的方法来表示文本特征，以实现对网络话题的动态检测[44]。此外，宋丹，骆卫华等也进行了关于名实体的相关研究[45]。在时序特点应用方面，贾自艳建立了统一时间表述方式的机制，且在计算事件相似度时，融合了时间相似度，打破了传统计算方法仅考虑新闻内容的弊端[46]。赵华和金珠等的相关研究也考虑了时间信息，他们希望通过时间信息的使用可以发现话题演化的边界，增强系统对话题的追踪能力[47,48]。以上研究的缺点是他们提出的方法主观性比较强，而且对语料规模的依赖性也较大，因此系统的稳定性不是很好，为解决这个问题，宋丹提出时间“覆盖矩阵”[49]。保丽丽等在相关研究中考虑了时间粒度对系统性能的影响[50]。上述时间信息的应用，多采用附加因素的形式使用，实质上，对于新闻报道而言，时间信息是其主要因素之一，应该将其作为直接因素用于话题识别与追踪。

在话题识别与追踪系统的构建过程中话题建模是影响系统综合性能的关键因素之一。目前在话题识别与追踪领域已有的话题模型主要包括向量空间话题模型和概率话题模型。1998 年，研究者们首次将向量空间模型应用于话题识别与追踪。考虑到短时间内出现的新闻报道往往属于同一个话题，Yang 等[51]使用 Rocchio 算法改进基本的向量空间话题模型，即在话题扩展的过程中不仅使用了相关的新闻报道，还充分使用了不相关的新闻报道，其思想为：使用相关报道扩展话题，使用不相关报道去除噪声数据，以此来加强基本向量模型对话题的表示能力，提高模型的话题追踪性能。为提高新事件检测系统的性能，研究者们尝试运用命名实体扩展基本向量模型，每个文档由三个向量表示：除停用词之外的所有术语组成一个向量，命名实体组成一个向量，非命名实体组成一个向量。若计算两个文档的相似度，则将三个向量对应相乘，以此提高话题识别与追踪的综合性能。由于向量空间话题模型的便利性和有效性，国内研究者也多采用该模型。贾自艳等[46]为了更好地表示文档，将时间信息融入基本向量空间模型，降低了事件探测与追踪中的误报和漏报现象。宋丹等[49]将一篇新闻报道表示为四个向量，该方法综合考虑了新闻报道中的关键因素：人物、时间、地点、内容，打破了基本模型仅考虑内容的弊端，提高了向量空间话题模型的综合性能。时间因素是新闻报道区别于其他文档的典型特征，是提高模型综合性能的突破点之一，使用时间信息改进向量空间话题模型的研究还来自仓玉、赵旭建、史存会等人[52-54]。仓玉提出了一种时序话题模型，该模型将话题表示为事件的集合，并标注这些事件的发生时间，在新事件检测的过程中运用“同时同事”原则判定新事件发生的概率，该研究明显提高了系统对新事件检测的准确性和时效性。赵旭建等在研究中文新闻话题动态演化的过程中，充分使用了时间信息[34]。徐建民等提出了基于时间因素的动态事件追踪模型，该模型包括文档的描述和事件描述，文档描述包括术语、权重和文档的发生时间，事件描述包括术语、权重、该术语的最早发生时间和最近发生时间，并且在事件追踪过程中将事件距离融入最终的相似度计算，该研究提出的模型有效地模拟了事件演化的过程。随着时间的推移，话题将会不断融入新的信息，若不加以合适控制，则有可能由于噪声数据的加入而出现话题漂移现象，为此，史存会等人提出了基于动态话题模型和信息熵相结合的动态向量空间模型[54]，该模型从正反两个方面加强对追踪话题的描述，控制了话题漂移问题，由于单纯使用该模型仍然存在噪声数据，作者运用信息熵对动态模型进行改进，有效解决了存在大量噪声数据的问题。同样为避免话题漂移现象，翟海东也对向量空间模型进行了改进，提出基于相关性反馈的自适应话题追踪模型[55]，该研究给出了自适应更新阈值和自适应相关阈值的动态计算方法，通过计算报道和话题的相关度，判别其相关性的强弱，如果特征词对话题的贡献度大于一定阈值，则将其加入话题词汇库。

综上，基于向量空间的话题模型研究包括基本研究和扩展研究，扩展研究主要围绕新闻报道本身的特点和控制话题漂移现象展开。该模型的最大优点是使用方便，缺点是它采用词袋表示话题和新闻报道，不能直观地模拟话题的演化过程，且在解决话题漂移问题时能力有限，故研究者们尝试寻找其他模型进行话题建模。同一时间，出现的概率话题模型则可以很好地模拟文档的产生过程。概率话题模型主要包括语言模型和狄利克雷分布（LDA），研究内容包括基本模型的研究和运用新闻报道特点的扩展研究。

语言模型作为概率模型的一种，已经成功应用于信息检索和信息过滤，该领域使用最多的是n元语言模型，即在已知前面$n-1$个词的前提下，预知第n个词是什么。而在话题识别与追踪领域中，研究者多采用一元语言模型进行话题建模。一元语言模型的一个隐含缺点是其对所有术语同等对待，忽略了术语包含的语义信息。Nallapati等[56]认为这些语义信息在判断新闻报道是否属于话题时是重要的，于是对基本的一元语言模型进行了改进，提出语义语言模型，新模型确定一个语义类集，并将术语映射到其所属的语义类中，该研究通过语义类考虑了不同术语间的语义关系，克服了一元语言模型中术语间相互独立的缺点。洪宇等[57]将新闻报道中语义比较接近的语言构成一个整体——语义域，并用语境来增强语义描述的全面性，由此实现对语义语言模型的改进，提出语义域语言模型。

由于训练数据有限，语言模型的最大缺点是存在数据稀疏问题，虽然目前常采用线性插值技术来解决，但并不能彻底解决。另外，语言模型中元数n值较大，则需要估计的参数就多，相应地，计算代价就高；若n值较小，则语境信息就少，话题识别与追踪的准确率就会降低。在未来的研究中，如何合理地平衡以上两种情况是语言模型的研究点之一。

狄利克雷分布是一种非监督学习模型，对文本主题具有较强的描述能力。该模型的基本思想是从数据集合中挖掘出可能潜在的话题，并进行话题的模型化表示，最终实现对数据集合中特征的降维。狄利克雷分布在数据处理和自然语言中的良好效果，促使国内外研究者尝试将其应用于话题识别与追踪，并实验验证了该应用的有效性、合理性。狄利克雷分布在话题识别与追踪中的应用大体上分两类：一是技术移植，二是在基本狄利克雷分布的基础上融入了新闻报道本身的特点。张晓艳等[58]通过分析该模型和话题识别与追踪的共性，将其应用于话题追踪，实验比较了新的话题模型和向量空间模型的话题表示能力。廖君华等[59]在基本 LDA 模型的基础上构建了一个网络热点话题演化分析系统，系统的构建包括四部分：自动获取热点话题、对热点话题进行数据预处理、运用 LDA 模型识别主题和发现热点话题如何演化。为了体现话题随着时间的推移而不断更新，研究人员利用时间信息对 LDA 模型进行了系列改进[60-65]。

以上应用于话题识别与追踪的所有 LDA 模型均假设主题之间相互独立，不能获取主题之间的关系，然而在现实中，不同主题往往是相关的，忽略这些相关性是不合理的。实际上，一个主题可能和其余多个主题相关并不是仅仅与某一个主题相关，为此，Li 等提出了 PAM[66]模型，该模型用一个有向无环图表示语义结构，可以灵活地描述词之间、主题之间的相关性。目前的 PAM 主要包括三层结构和四层结构两种：三层结构涉及文本层、主题层、词层，四层结构在三层结构的基础上加入了超主题层，其中应用比较广泛的为四层。到目前为止尚未发现将 PAM 应用于话题识别与追踪领域的相关研究。由于 PAM 模型本质上是一种对文本概率的建模方法，故可应用于信息处理领域的任何方面，包括话题识别与追踪，这将是话题识别与追踪领域的未来研究点之一。

综上，目前的话题模型包括向量空间模型和概率模型。由于向量空间模型简单、易于掌握，故得到了广泛应用，是目前仍在使用的话题模型之一，其最大缺点为特征维数较高，所以在未来的研究中若能找到符合话题特点的特征选择方法，在降低其特征维数的同时，仍能保持其综合性能，将是向量空间模型的突破性研究。与向量空间模型相比，概率模型的最大优点是可以模拟文档的产生过程，两种常用的概率模型：语言模型、LDA 模型，二者均基于条件概率实现话题识别与追踪，从模型的发展脉络来看，二者之间存在联系和延续性。

2.1.2　发展历程

随着计算机及其网络技术的快速发展，尤其是各种网络新媒体(微博、微信、QQ、社区等)的出现，使我们已经摆脱信息匮乏的状态，随之出现了信息爆炸的问题。海量信息的典型特点为异质性和价值密度低，这种情况下，亟须解决的问题是如何快捷、准确地获取人们感兴趣的有效信息。早期的研究者们尝试将信息检索、信息过滤、信息提取技术用于解决该问题，并取得了一定的成效。话题识别与追踪技术也是解决上述问题的方法之一，与上述方法不同的是它更强调动态性、过程性，可帮助用于了解某个话题的整个脉络及未来发展趋势。

话题识别与追踪技术源于 1996 年，其倡导者为美国国防部高级研究计划局(DARPA)，该部门提出话题识别与追踪技术的目的是希望可以自动判断新闻信息属于哪个主题并且能把同一主题下相关的新闻信息联系起来。在 DARPA 和 NIST 的资助下，从 1998 年开始，每年都举办 TDT 评测会议，对参赛单位的系统进行评测，实验数据由美国语言资源联盟(Linguistic Data Consortium，LDC)提供。参加会议的机构主要包括三类：大学、研究机构、公司。其中代表性的大学包括美国卡耐基·梅隆大学、马萨诸塞大学、宾夕法尼亚州立大学，国内的参赛大学包括台湾大学、北京大学、哈尔滨工业大学等，研究中心包括 IBM Watson 研究中心、国内的中国科学院等，代表性的公司为 BBN Technologies 公司。总体上，话题识别与追踪系列评测会议主要呈现两大明显趋势：①信息来源多样化；②语言种类丰富化。TDT 评测语料已经从最初的纯英语语料变为包括英语、中文、阿拉伯语三种语言。

话题识别与追踪技术采用以会促评的方式推动了该技术的深入发展。这种会议促评方式具有以下特点：研究任务非常明确(五个子任务)、训练数据和测试数据统一且公开(TDT 语料)、评测标准统一。会务组最终将各个参赛单位的研究成果放在一个公共的平台，做出更加客观、公正的评比。通过对比，使得各个研究团队认识到自己研究成果的优劣。从研究问题的提出到话题识别与追踪系列测评，我们可以看到推动该技术发展的主要原因就是应用。为了强调应用性，以往的话题识别与追踪评测会议一直试图模拟真实的应用环境。另外，为了体现智能化，更好地满足实际应用的需求，话题识别与追踪相关研究努力将自然语言处理的相关研究成果应用其中，这也是其细粒度研究分支发展的推动力之一。

图 2-2(a)为美国语言资源联盟官网(https://www.ldc.upenn.edu)提供的和话题识别与追踪相关的语料信息截图，图 2-2(b)为该网站提供的相关研究文献资料。本书后续研究的测试集合均采用图 2-2(b)中的 TDT2 语料。

TDT

LDC2010T18	ACE Time Normalization (TERN) 2004 English Evaluation Data V1.0
LDC98T25	TDT Pilot Study Corpus
LDC2000S92	TDT2 Careful Transcription Audio
LDC2000T44	TDT2 Careful Transcription Text
LDC99S84	TDT2 English Audio
LDC2001S93	TDT2 Mandarin Audio Corpus
LDC2001T57	TDT2 Multilanguage Text Version 4.0
LDC2001S94	TDT3 English Audio
LDC2001S95	TDT3 Mandarin Audio
LDC2001T58	TDT3 Multilanguage Text Version 2.0
LDC2005S11	TDT4 Multilingual Broadcast News Speech Corpus
LDC2005T16	TDT4 Multilingual Text and Annotations
LDC2007V02	TRECVID 2003 Keyframes & Transcripts
LDC2007V01	TRECVID 2005 Keyframes & Transcripts

(a) TDT 相关语料

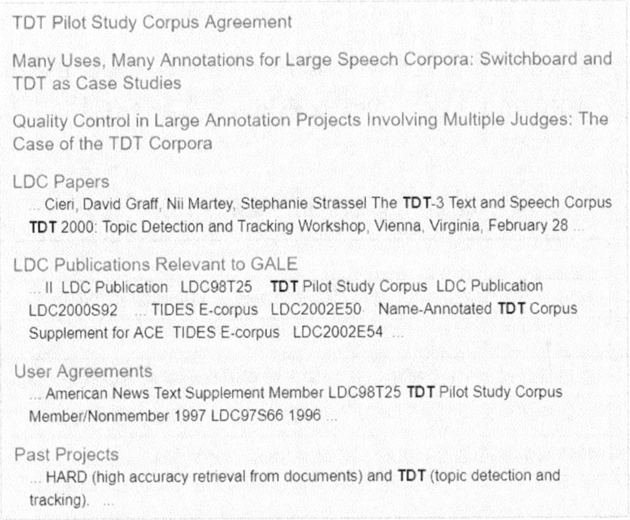

(b) TDT 相关文献资料

图 2-2　TDT 相关语料信息和文献资料

2.2　话题识别与追踪的相关概念

与一般的信息检索或者信息过滤不同，话题识别与追踪关注的话题不是一个大的领域，也不是某一类事件，而是一个很具体的事件。话题识别意在将输入的新闻报道归入不同的话题，并在需要的时候建立新的话题。为了区别语言学上的概念，话题识别与追踪评测会议对“话题”及常用概念进行了定义[67]：

定义 2-1　话题(Topic)：一个种子事件或活动，以及所有与之直接相关的事件或活动。

定义 2-2　事件(Event)：由某些原因、条件引起，发生在特定时间、地点，并可能伴随某些必然结果的一个特例。

定义 2-3　报道(Story)：与话题紧密相关、包含两个或多个独立陈述某个事件的子句的新闻片段。

2.3　话题识别与追踪的任务

研究之初，话题识别与追踪包括五个子任务(如表 2-1 所示)：报道切分(Story Segmentation)、话题识别(Topic Detection)、话题追踪(Topic Tracking)、首报道检测(New Event Detection)和关联检测(Link Detection)。其中报道切分主要针对的是广播新闻数据，TDT2003 中去除了该项任务，剩下话题识别、话题追踪、首报道识别和关联检测四个子任务。在这四项任务中，话题追踪和关联检测是最为关键的任务，在 TDT 评测会议中，所有的参赛队伍至少在这两者中选择一个项目，原因是这两项任务涉及不同话题识别与追踪应用中的核心技术。参考文献[67]和文献[68]对上述五个子任务做详细说明。

表 2-1 话题识别与追踪子任务

子任务名称	定义
报道切分	找出所有报道的边界，把输入的源数据流分割成各个独立的报道
话题识别	发现新的话题
话题追踪	给出话题的 1～4 个报道，把后输入的相关报道和该话题联系起来
首报道检测	在数据流中发现首次讨论某个话题的报道，与话题识别本质相同，二者仅输出不同
关联检测	判断两个报道是否有关联，即是否讨论同一个话题

2.3.1 报道切分

报道切分是指将从某个信源获取的新闻流切割为一条一条的新闻报道，这项任务针对的是源自电视、广播等媒体的音频、视频数据流。一段新闻一般包括多则新闻报道，但是在新闻播报的过程中不同报道之间并没有明显的分界，报道切分的任务就是将一段新闻切割为多条报道。报道切分是其他四项子任务的基础，属于数据预处理，该任务对话题追踪任务影响较小，但是对话题识别、首报道检测、关联检测任务影响较大。

目前对报道切分的处理常使用最大熵和决策树混合的模型，基于多种信息源实现切分，其中依据的信息源包括：语速快慢、句子长度、具体位置等。

2.3.2 话题识别

话题识别的目的是将新闻报道分别归类为不同的话题，并当报道不属于已有话题的时候，构建新的话题。本质上，话题识别属于无监督的聚类。新闻话题的报道数量会随着时间的推移不断增加，故将常规的聚类方法直接应用于话题识别是不合适的，为了体现这种报道动态增加的现象，话题识别多采用增量式聚类方法。

话题识别任务可以分为两个阶段：第一个阶段为识别出新事件的出现(即首报道检测)；第二个阶段是将与已有话题相关的报道归入相应的话题。分析发现，第一个阶段与首报道检测很像，故话题识别是首报道检测任务的一个自然扩展。话题识别可以看作是一个依据事件的聚类问题，常采用的实现方法有：增量 k-means 聚类、Agglomerative 聚类、单遍聚类等。

2.3.3 话题追踪

话题追踪任务的目的是从新闻报道流中识别出与已有话题相关的新闻报道，这项任务比较接近信息检索和信息过滤技术：信息检索的目的是检索出与查询相关的信息，话题追踪的目的是追踪到和话题相关的新闻报道。如果将话题理解为查询，所有新闻报道理解为信息的话，二者的过程是吻合的。话题追踪的性能主要受以下因素的影响：训练用的新闻报道的数量、训练及测试语料使用的语言、文字记录的质量等。目前，话题追踪系统的性能已经达到了较高的程度，具备较好的适用性。

2.3.4 首报道识别

首报道识别的目的是检测出某个新闻话题的第一则新闻报道，该任务隶属于话题识别任务。首报道识别任务常采用向量或概率表示报道，并将一个新来的新闻报道与所有的已有话题计算相关度，当该报道不属于已有任何话题时，建立新的话题，而该报道则为新话题的首报道。

2.3.5 关联检测

关联检测的目的是判断两则新闻报道是否属于同一个话题，如果二者关联度高，则属于同一个话题，否则分别属于不同的话题。一个好的关联检测系统可以用于话题追踪、话题识别及首报道识别等。与其他任务相比，尽管这一任务没有直接的应用目标，但其他任务都依赖于某种相似性判定，故对其进行深入研究具有一定的研究价值。目前，在关联检测中应用的比较多的是余弦相似度计算，并在该方法的基础上，用到了以下技术：停用词过滤、词干分析、二元术语向量、增量 TF-IDF 等。

2.4 话题识别与追踪的评价指标

话题识别与追踪的所有任务均可以转化为识别任务，故可由识别任务的评价指标来评价不同任务的性能。识别任务采用识别代价指标衡量其性能，该指标由漏报率(Miss Probability)和误报率(False Alarm Probability)归一化获得。此外，为了可视化比较不同系统的性能，也常采用识别错误权衡曲线(DET 曲线)进行更为直观的性能比较。

2.4.1 识别评价指标

话题识别与追踪中的识别性能采用漏报率和误报率进行评价，计算方法如式(2-1)和式(2-2)所示：

$$P_{\text{miss}} = \frac{c}{a+c} \tag{2-1}$$

$$P_{\text{fa}} = \frac{b}{b+d} \tag{2-2}$$

其中，a表示系统判定为“是”的正例，b表示系统判定为“是”的负例，c表示系统判定为“否”的正例，d表示系统判定为“否”的负例。将上述这两个错误概率归一化，并赋予一定的评估代价参数，可得到识别代价指标C_{det}[67]：

$$C_{\text{det}} = C_{\text{miss}} \times P_{\text{miss}} \times P_{\text{target}} + C_{\text{fa}} \times P_{\text{fa}} \times P_{\text{non-target}} \tag{2-3}$$

$$P_{\text{non-target}} = 1 - P_{\text{target}} \tag{2-4}$$

其中，C_{miss}，C_{fa}分别表示漏报代价和误报代价，P_{target}表示发现一个新报道的概率，这三个值均为预设值，表 2-2 是 TDT 评测会议给出的不同子任务下三个因子的预设值。

表 2-2　不同子任务下的评估代价参数预设值

子任务	C_{miss}	C_{fa}	P_{target}
报道切分	1.0	0.3	0.3
话题追踪	1.0	0.1	0.02
话题识别	1.0	0.1	0.02
首报道检测	1.0	0.1	0.02
关联检测	1.0	0.1	0.02

为了使话题识别与追踪各项任务的性能指标均落在更有意义的范围内，将错误识别代价C_{det}做规范化处理得到$(C_{\text{det}})_{\text{norm}}$：

$$(C_{\text{det}})_{\text{norm}} = \frac{C_{\text{det}}}{\text{Min}(C_{\text{miss}} \times P_{\text{target}}, C_{\text{fa}} \times P_{\text{non-target}})} \tag{2-5}$$

上式中的分母实际上是一个最小的预期代价。归一化处理后的识别代价，最小值仍然为 0，如果取值为 1，则意味该系统的性能不优于某个总是给出肯定猜测或否定猜测的系统。

2.4.2　识别错误权衡曲线（DET 曲线）

除了归一化识别代价外，通常将其计算结果结合识别错误权衡曲线（DET 曲线）[69,70]来更加直观地刻画漏报率和误报率之间的一种关系。识别任务可认为是对漏报和误报两种错误类型的权衡，例如一个语音处理的任务是识别这段语音是谁说的或者这段语音是哪种语言。一个识别系统可能会弄错说话者或者语言类型，或者目标不存在时做出这样的识别结果。当存在不同类型错误的权衡时，采用一个性能指标对系统描述是不合理的，针对这种情况，较早出现的描述曲线是 ROC 曲线(受试者工作特征曲线)，该曲线的横轴为误报率，纵轴为识别率。Martin 等对 ROC 曲线评估方法进行了改进，提出 DET 曲线，该曲线的横轴仍然为误报率，纵轴修改为漏报率，图 2-4 给出了一个 DET 曲线示例。DET 曲线上的点代表某一识别方法在不同阈值下的漏报率和误报率。图 2-3 和图 2-4 是针对相同数据分别绘制的 ROC 曲线和 DET 曲线，可以发现在 DET 曲线中，其性能图接近于线性，并且 DET 曲线能更为明显地表示出不同系统的性能差别。

漏报率和误报率均是系统尽量避免的参数，其值越低越好。DET 曲线离坐标原点越近，两个参数值越小，其性能越好。在理想的情况下，如果识别系统 100%拒绝漏报和误报，则 DET 曲线仅为坐标原点。通过对 DET 曲线的分析，可以找到与性能相关的评价结果，包括寻找最佳操作点和计算 DET 曲线下的面积，下文对其进行详细介绍。

1. 最佳操作点

由于 DET 曲线描述了所有可能阈值下的漏报率和误报率，所以它的一个重要作用就是可以找到识别的最佳操作点。对一个系统来说，漏报是非常危险的，它的重要程度高于误报，因为如果系统将一个重大的新闻报道漏报，可能造成难以预测的后果。同时，误报也是需要被竭力制止的，如果系统将某个正常事件作为危害性事件，同样也要付出代价。综上，可运用代价比来寻找最佳操作点，其计算公式如下：

$$C_\sigma = \frac{C_\beta}{C_\alpha} \tag{2-6}$$

其中，C_σ 表示代价比，C_α 表示误报代价，C_β 表示漏报代价。

2. DET 曲线下的面积

依据实验数据绘制 DET 曲线，很多情况下并不是一条曲线完全位于另一条曲线之下，可能一条曲线的某些部分位于另一条曲线之上，其余部分位于另一条曲线之下，这种情况下，可在每一个 DET 工作点做垂线至横轴，构成一个不规则梯形，通过计算其面积大小比较性能优劣。

首先将不规则梯形分割成若干个梯形，设曲线上的点为 $(x_i, y_i)(i=0,1,\cdots,n)$，其中 x_i 为误报率，y_i 为漏报率，n 为 DET 曲线上的总点数，则曲线面积的计算方法如下：

$$S_{\text{DET}} = \frac{1}{2} \times \sum_{i=1}^{n} (x_i - x_{i1}) \times (y_i - y_{i-1}) \tag{2-7}$$

DET 曲线下的面积取值范围为(0,0.5)，面积越小代表系统性能越好。

2.5 话题识别与追踪的测试集合

为体现 TDT 比赛的公平性、合理性，从 1998 年开始，会务组给出了 TDT 语料，该语料系列包括 TDT2、TDT3 和 TDT4，其中的新闻信息格式包括语音和文本，来自多种新闻源，涉及不同语言。其中 TDT2 中的新闻报道只有英文版，其语料集合包括 200 个标注的新闻话题，跨越时间为 1998 年的 1 月至 6 月；TDT3 的时间跨越为 1998 年的 10 月至 12 月，包括 120 个标注的新闻话题，语言格式有英文和中文，其中小部分话题被翻译成阿拉伯语的格式；TDT4 涉及三种语言(英文、中文、阿拉伯语)，历时四个月(自 2000 年 10 月至 2001 年 1 月)，包括 40 个已经标注的新闻话题。采用 TDT4 语料中的中文部分作为测试集合，验证研究内容的有效性。

TDT4 包括七个文件夹：file.tb1、2002 topics.html、2003 topics.html、content_summary.txt、tdt4_doctable.txt、tdt4_stats.txt、tdt4guidelines_v1_5.pdf。若想深入了解该语料的相关知识可登录 LDC(Linguistic Data Consortium)的官网查看。由于本书的后续实验将采用 TDT4 语料作为测试集合，本章将对其做详细介绍，主要包括：数据来源、语料结构和数据标注三个方面。

1. 数据来源

TDT4 语料集的新闻报道来自 20 个新闻源，包括 98245 个新闻报道，涉及 40 个新闻话题。下文将对 20 个新闻源及采样频度进行分类介绍。

其中英文新闻源包括以下几个：

• 美联社 World-stream 服务(APW_ENG)，采样频度为 2 次；
•《纽约时报》的新闻专线服务(NYT_NYT)，采样频度为 3 次；
• 有线新闻网络的头条新闻(CNN_HDL)，采样频度为 3 次；
• 美国广播公司的今晚世界新闻(ABC_WNT)，采样频度为 5 次；
• 美国全国广播公司晚间新闻(NBC_NNW)，采样频度为 5 次；
• 国际公共广播电台(PRI_TWD)，采样频度为 5 次；
• 美国之声英文栏目(VOA_ENG)，采样频度为 5 次；
• MS-NBC，布莱恩威廉斯新闻(MNB_NBW)，采样频度为 6 次。

中文新闻来源于以下几种媒体：

• 新华社(XIN_MAN)，采样频度为 2 次；
•《新闻早报》(ZBN_MAN)，采样频度为 2 次；
• 中国广播系统(CBS_MAN)，采样频度为 3 次；
• 中国电视系统(CTS_MAN)，采样频度为 3 次；
• 美国之声的中文栏目(VOA_MAN)，采样频度为 5 次；

- 中国国际电台(CNR_MAN)，采样频度为 5 次；
- 中国中央电视台(CTV_MAN)，采样频度为 5 次。

阿拉伯语新闻来源于下述媒体：

- 法新社(AFP_ARB)，采样频度为 1 次；
- 生活报(ALH_ARB)，采样频度为 1 次；
- 今日报(ANN_ARB)，采样频度为 4 次；
- 美国之声阿拉伯语栏目(VOA_ARB)，采样频度为 5 次；
- 尼罗河电视台(NTV_ARB)，采样频度为 6 次。

2. 语料结构

对语料的组织是为了支持每年 TDT 会议中每项任务的评估，同时也是为了给其他相关研究提供格式化的数据，包括信息提取、信息检索、自动文摘技术等。以下对实验中要用的 TDT4 语料的基本结构做详细介绍。

语料库中不同的数据样本以不同的形式展现，不同形式放在不同的目录下，其中“tkn_sgm”和“asr_sgm”数据没有进行压缩，可直接从目录下得到，其他内容则放在压缩文件“tdtproj_tgz”中，可通过解压缩获得。经过解压缩处理后，实验中用到的原始数据主要来源于 asr 和 arc 文件夹，asr 中的新闻报道已经经过分词处理，src 保持了新闻报道的原文状态，新闻报道的记录形式采用了 SGML 结构，依据该结构可以从相关标签中获得新闻报道的来源、类型、发生时间等信息。

除 asr 和 src 文件外，语料库中还包括其余 9 类数据，共 11 类，分别放在 11 个文件夹下，下面对其进行介绍。

- 标注：具体的标注方法下文将进行详细介绍。
- src_sgm：原始文本数据资源，主要来源于美通社、人工翻译、闭路字幕文本，这些文件以 SGML 格式存在，类似于 TIPSTER 文本语料。
- tkn：将参考文本中的数据格式化，报道的边界和其他一些描述性的标识符被删除，每一个英文单词或者中文的每个汉字被赋予唯一的编号(一个有序的“recid”数字)，一行一行书写。
- asr：和 tkn 中的内容相比，该类文件中的报道以词语的形式存在，并且每个词语单独占一行。
- mttkn：将所有的中文资源和阿拉伯语资源翻译成英文，以单词形式分行显示。
- mttkn2：将所有的非英文资源翻译成英文，以词语的形式分行显示。
- mtasr：将 asr 中的所有非英文资源翻译成对应的英文资源。
- tkn_sgm：将 tkn 中的文本数据以 SGML 的形式进行标注。
- asr_sgm：将 asr 中的文本数据采用 SGML 的形式进行标注。
- mttkn_sgm：将 mttkn 中的文本数据采用 SGML 的形式进行标注。

· mttkn2_sgm：将 mttkn2 中的文本数据采用 SGML 的形式进行标注。

在上述数据类型中，“src_sgm”“tkn_sgm”和“asr_sgm”这三种文本数据均包括报道的边界，“asr_sgm”和“tkn_sgm”不仅包括报道边界，而且进行了分词处理，是比较好的数据资源，二者在文件标注上采用了 SGML 语言，其涉及的标签包括<DOC><DOCNO><DOCTYPE><TXTTYPE><TEXT>等。下面是“asr_sgm”数据的一个样本示例：

```
<DOC>
<DOCNO> CBS20001001.1000.0041 </DOCNO>
<DOCTYPE> NEWS </DOCTYPE>
<TXTTYPE> ASRTEXT </TXTTYPE>
<TEXT>
这一 制度 放下 武器 的 基本 内容 唔 是 这些 有关 业务 活动 的 详细
夺 第一 三届 排队 艺术节 今天 晚上 在 台北 大 开 灵 不灵 生产 的 必
须 强大 影响 的 文化 巨匠 的 龙 应 台 共同 探索 揭开 序幕 唔 的 这
当中 歌手 演唱 改 原来 的 云 生 个 仰卧 的 歌曲 一 厘米 重 回 故国
一个 这项 活动 的 二号 晚上 将 在 南京 铁路 建成 圆环 形 鞭毛 环 之
差 的 邀请 派 这个 人 以及 陈 冠 华 等 歌手 表演 的 重温 往日 台币
零 七 五 法 负责 策划 这次 艺术节 活动 的 开 闭 市 文化局 提出 夺
这项 名为 歌谣 当年 台湾的 音乐 活动 有 单向 可 这个 几年 没有过 的
艺术团 体 完全 是 由 本土 艺术 团体 采用 低 度 已 商定 作为 艺术 表
现 主题 以 社区 参与 为主 政府 将 艺术 带 主食 农业 台 提取 的 歌谣
百年 台湾 实用 艺术 成绩 声音 的 历史 的 希望 能够 刺激 国内 的 流
行音乐 平时 更 强 的 启示 的
</TEXT>
</DOC>
```

其中<DOC>是新闻报道的边界标签，<DOCNO>标签标明新闻的编号，测试集合中所有的新闻报道都有唯一的编号，<DOCTYPE>标签标明文档的类型，可能是正式的新闻(NEWS)，也可能是对新闻的评论(MISCELLANEOUS)，<TXTTYPE>用于标明数据类型。“asr_sgm”和“tkn_sgm”具备以下特点：

(1)对于英文格式的新闻报道，在“tkn_sgm”文件中，单词的分隔符可能是标点、括号或者引号；在“asr_sgm”文件中，英文报道没有标点、括号或者引号等分隔符，只有空格。

(2)对于中文的新闻报道，在“tkn_sgm”文件中，是连续的、包括中文标点的新闻篇章，没有进行分词处理。在“asr_sgm”文件中，中文新闻报道已经被进行分词处理，没有任何标点，词语以空格分隔。

(3)在所有文件中，新闻报道换行显示，但均没有段落标记。

(4) 对于新闻报道来源为广播的新闻，其文本内容(即<TEXT></TEXT>标签之间的信息)可能是空的，原因是与其对应的广播段落没有对话内容。

不同文件夹下的数据其文件的路径描述也有所不同，以下为不同文件夹下文档路径描述方法示例。

- asr_sgm/19981220_0700_0800_VOA_MAN.asr_sgm；
- tkn_sgm/19981220_0700_0800_VOA_MAN.tkn_sgm；
- tkn/19981220_0700_0800_VOA_MAN.tkn；
- tkn_bnd/19981220_0700_0800_VOA_MAN.tkn_bnd；
- as0/19981220_0700_0800_VOA_MAN.as0；
- as0_bnd/19981220_0700_0800_VOA_MAN.as0_bnd；
- mttkn/19981220_0700_0800_VOA_MAN.mttkn；
- mttkn_bnd/19981220_0700_0800_VOA_MAN.mttkn_bnd；
- mtas0/19981220_0700_0800_VOA_MAN.mtas0；
- mtas0_bnd/19981220_0700_0800_VOA_MAN.mtas0_bnd；

上述路径表示出测试集合中不同文件夹下的文档，其中最后一项内容，例如 19981220_0700_0800_VOA_MAN.asr_sgm 表示文件名。

此外，并不是所有的文件夹中都包含所有新闻源的新闻报道，表 2-3 列出了 tkn、asr、mttkn、mtasr 文件中包含哪些新闻源的新闻报道。

表 2-3　不同文件夹下的新闻源

新闻源	tkn	asr	mttkn	mtasr
APW_ENG	包含			
NYT_NYT	包含			
ABC_WNT	包含	包含		
CNN_HDL	包含	包含		
MSN_NBW	包含	包含		
NBC_NNW	包含	包含		
PRI_TWD	包含	包含		
VOA_ENG	包含	包含		
XIN_MAN	包含	包含		
ZBN_MAN	包含	包含		
AFP_ARB	包含	包含		
ALH_ARB	包含	包含		
ANN_ARB	包含	包含		
CBS_MAN	包含	包含	包含	包含
CNR_MAN	包含	包含	包含	包含

续表

新闻源	tkn	asr	mttkn	mtasr
CTS_MAN	包含	包含	包含	包含
CTV_MAN	包含	包含	包含	包含
VOA_MAN	包含	包含	包含	包含
NTV_ARB	包含	包含	包含	包含
VOA_ARB	包含	包含	包含	包含

3. 数据标注

TDT4 对 40 个话题进行了标注，包括英文形式、中文形式和阿拉伯语形式。表 2-4 为 40 个话题的列表，包括两列，分别是 40 个新闻话题的编号和话题的英文名称。

TDT 语料最初是由 LDC 搜集的一些原始数据，这些数据有的来源于美通社和其他一些电子文本，有的来源于网络音频、电台广播、电视等，在正式使用之前，需要对这些原始数据进行处理，包括对一段新闻进行报道切分、话题相关/不相关标注、对标注的结果进行质量控制。

表 2-4　40 个话题的编号及名称

话题编号	话题名称
41001	Columbian Hijack Ends Peacefully
41002	The 2000 Nobel Peace Prize
41003	Arab Finance Ministers Meeting in Cairo
41004	Murder of the Palestinian Child Mohammed El Dorra
41005	UN Strengthens Sanctions Against Kabul
41006	Woman of the Century
41007	Parliamentary Elections in Egypt
41008	Outbreak of Rift Valley Fever
41009	Egypt and Iraq Restore Diplomatic Relations
41010	Islamic Conference Summit Meeting
41011	Turkish Prison Riots
41012	Trouble in the Ivory Coast
41013	World's First Female Prime Minister Dies in Sri Lanka
41014	Israel Blasts Tunisia's Decision To Sever Relations
41015	Clinton Lifts Sanctions Against Yugoslavia
41016	Car Bomb Explodes in Northern Spain
41017	Qatar Cuts Relations with Israel
41018	Arab League Summit meeting in Cairo
41019	Ilyescu Wins Romanian Elections

续表

话题编号	话题名称
41020	Attacks on Churches In Indonesia
41021	Ghana Gets New Democratically Elected President
41022	Haitian Presidential Election of Jean-Bertrand Aristide
41023	Dead Man Wins Senate Seat
41024	Congolese President Laurent Kabila Feared Dead
41025	End of the Line for Peruvian President Alberto Fujimori
41026	Crash of Singapore Airlines Flight SQ006
41027	Gloria Arroyo Sworn in As 10th President of the Philippines
41028	Popocatepetl Volcano Erupts
41029	Hijacked! The US Ambassador's Plane!
41030	Deadly Fire in Bangladeshi Garment Factory
41031	China's WTO Negotiations Stall
41032	APEC 2000 Conference
41033	Hu Jintao Meets with Iranian Vice President
41034	Deadly Mexico City Club Fire
41035	Clinton Visits Vietnam
41036	Indonesia/Australia Ministerial Summit
41037	Australia Suffers in Extreme Heat
41038	G20 Countries Meet in Montreal
41039	Iraqi Planes Fly into No-fly Zone
41040	Yugoslavia Joins the UN

切分的目的是将新闻广播分割成一个一个的新闻报道，切分的依据是新闻报道谈论的内容是否发生变化。新闻专线提供的新闻服务一般都对报道的边界进行了标识，有时候对于一些较长的新闻报道，为了便于传输，新闻专线服务会将其分割成两个或多个片断。对此，LDC 采用自动处理程序将这些片断加以整合。其他来源的新闻往往没有进行报道的边界标识，需要进行切分。闭路字幕服务和商业转录机构运用一定的合约对话题的边界和说话人的转换进行边界标记，但是这些标记需要 LDC 的标注者对其准确性进行核实。标注者通过听整个音频，对已有的标识信息进行修订，为此，标注者将边界信息分为四类：①新闻报道；②评论内容；③杂项；④没有转录或者正在转录的部分。其中新闻报道是新闻广播中关于一个话题的连续的片断，评论部分是对上一条新闻报道的总结或者是对下一条新闻报道先做一个简介，杂项包括广告和广播员的一些闲谈等。如果一个音频片断没有文本或者没有合适的文本来说明其属于哪个话题，标注者将其定为没有转录或者正在转录的部分。

综上，标注者的切分任务包括：边界识别、片断分类(属于上述四类别中的哪种)、质量控制。

对新闻报道切分后，标注者开始进行话题标注，标注内容包括对 TDT 初始语料中的所有话题进行定义、选择、研究和加标签。在话题选择工作中，标注者先寻找种子报道以及与之对应的种子事件，经确定后，标注团队的领导者将其充实为一个全面的话题。LDC 最终给出了上述 40 个话题的标题、种子事件、简单介绍。

对以上话题进行简单描述后，LDC 标注工作者对所有新闻报道进行了相关性标注(给 level 属性赋值)，对于 TDT4 之前的版本标注结果包括：YES、NO 和 BRIEF。当新闻报道确定在论述话题时，标注为 YES(相关)，当新闻报道确定不是对话题描述时，标注为 NO(不相关)，当分不清到底有没有描述话题时，标注为 BRIEF。在 TDT4 中，去除了 BRIEF，如果报道有一点信息说明其在描述话题，则标注为 YES，若实在找不到任何信息，处于模棱两可的状态时侧重于标注为 YES。

对标注结果的质量控制主要处理以下三种情况：标注准确度的核实、标注结果的裁决和对有争议的标注结果如何做出最后的决定。

2.6 本 章 小 结

本章属于研究基础部分，为本书后续研究内容提供理论基础。话题识别与追踪是舆情监测的研究范畴，为了让读者了解该领域的基础理论，本章在梳理话题识别与追踪国内外研究现状及发展史的基础上，介绍了话题识别与追踪的相关概念、任务划分、系统评测标准及权威的测试集合——TDT 语料，本书后续实验部分将采用 TDT 语料和本章给出的评价指标衡量研究内容的合理性与有效性。

第 3 章 基于贝叶斯网络的话题识别与追踪

贝叶斯网络是一种不确定性知识的表达与推理模型，是现阶段处理不确定信息的主流方法之一[71,72]，目前已经被成功应用于多个领域，例如，专家系统、医疗系统、统计决策等。信息检索属于典型的不确定性问题处理，故将贝叶斯网络应用于信息检索是可行的。

自 20 世纪 80 年代起，研究者们开始尝试将贝叶斯网络应用于信息检索，1990 年 Howard Robert Turtle 和 W. Bruce Croft 提出推理网络检索模型后，贝叶斯网络在信息检索领域得到广泛应用。到目前为止，主流的基于贝叶斯网络的信息检索模型包括推理网络检索模型、信念网络检索模型和简单贝叶斯网络检索模型，考虑到上述三个模型存在的不足，研究者们进行了系列改进。例如，考虑到信念网络提供了一个灵活框架的优势，徐建民等[73]通过归并不同证据提出了系列扩展的信念网络检索模型；由于简单贝叶斯网络检索模型利用 Polytree 挖掘术语间的关系，这种方法的传播算法耗时、效率低，不具备实用性，为了解决这个问题，文献[74]对该模型进行了改进。

考虑到话题识别与追踪和信息检索的共性，研究者们尝试将信息检索领域的相关理论应用于话题识别与追踪，并取得了良好的追踪性能。后续章节将以文献[75]提出的信念网络话题模型作为表示模型，对舆情监测领域中的热点话题展开相关研究。

本章属于本书的基础知识之一，内容包括：贝叶斯网络简介、贝叶斯网络的概率基础、贝叶斯网络的结构及概率推导、贝叶斯网络中的因果关系及贝叶斯网络在话题识别与追踪中的应用。本章对贝叶斯网络相关理论的介绍有助于掌握基于信念网络的话题模型的概率推导，厘清如何基于信念网络实现话题识别与追踪。

3.1 贝叶斯网络简介

贝叶斯网络可表示为 $G(V,E)$，其中 V 是节点的集合，E 是有向边的集合，节点代表随机变量，有向弧用于标明节点间的相互关系，关系强度用条件概率计算。贝叶斯网络中的节点可以是任何实际问题的抽象，例如，信息检索领域的文档、术语节点；商品推荐中的商品、描述术语节点；医疗诊断中的病情、症状等。依据贝叶斯网络可以对上述问题做出概率推理，得出具体的预测概率。

贝叶斯网络主要具备以下三个特点：

(1) 较好地体现节点间的因果关系。贝叶斯网络本身就是一种因果关系图，有向弧体现了具体的因果关系，如果存在从节点 A 指向节点 B 的弧，则 A 为原因，B 为结果。

(2)具有强大的处理不确定问题的能力。在贝叶斯网络中各个节点是不确定问题的抽象，节点间的强度实际上表示不确定的实际问题之间的关联关系，这种关系在贝叶斯网络中通过条件概率进行度量，实现了不确定问题的确定化。

(3)能有效地进行多源信息的表述和融合。贝叶斯网络层次清楚、结构合理，可将和某个问题相关的信息统一融合到一个网络图中，并采用节点及有向弧进行表述，最终实现对多源信息的量化处理以及对问题的有效预测。

目前在贝叶斯网络推理方面，为了适应不同的推理环境有多种推理方法。如果依据实例绘制的贝叶斯网络结构简单，可以采用精确推理；如果依据实例绘制的贝叶斯网络结构复杂，可采用近似推理。无论采用哪种推理方法，贝叶斯网络在解决实际的不确定问题时，均能取得较好的推理效果。

3.2　贝叶斯网络基础

贝叶斯网络是基于概率推理的网络，在网络推理的过程中涉及多种概率知识，具体包括：先验概率、后验概率、联合概率、全概率、分隔定理及常用的条件独立性假设[76-78]。

(1)先验概率：指根据历史资料或主观判断确定的事件 A 的发生概率，该概率属于检验前的概率，即在没有任何其他信息存在的情况下，事件的发生概率，记作 $P(A)$。

(2)后验概率：如果得到了某个事件 A 的某些证据 B，先验概率将不再可用，我们采用给定新证据 B 的条件下 A 出现的概率(即后验概率)来度量事件 A 出现的概率，后验概率即为我们常说的条件概率。其计算方法如下：

$$P(A|B)=\frac{P(AB)}{P(B)} \tag{3-1}$$

式(3-1)中 $P(AB)$ 表示事件 A 和事件 B 的联合概率，也可认为是二者同时出现的概率，$P(B)$ 表示事件 B 的先验概率。

(3)联合概率：式(3-1)的计算涉及联合概率的计算，联合概率的计算应用到了上述的条件概率。事件 A 和事件 B 的联合概率 $P(AB)$ 采用式(3-2)计算：

$$P(AB)=P(B|A)\times P(A) \tag{3-2}$$

观察式(3-2)可以发现，联合概率的计算涉及条件概率和先验概率。

(4)全概率公式：设实验的样本空间为 S，$S=\sum_{i=1}^{n}B_i$，B_i 为样本空间中的某个事件，且 $B_1,B_2,\cdots,B_n$ 互不相容，$P(B_i)>0$，则任意事件 A 发生的概率可在整个样本空间上计算获得，计算方法即为全概率，公式如下：

$$P(A)=\sum_{i=1}^{n}P(B_i)P(A\mid B_i) \tag{3-3}$$

(5) 贝叶斯公式：根据式(3-1)～式(3-3)，很容易得到贝叶斯公式。即在样本空间中，事件 A 的条件下，事件 B_i 出现的概率，计算方法如下：

$$P(B_i|A)=\frac{P(A\mid B_i)P(B_i)}{\sum_{j=1}^{n}P(A\mid B_j)P(B_j)}(i=1,2,\cdots,n) \tag{3-4}$$

在式(3-4)的基础上，为了符合特定背景的需求，在某些场合可以加上一些背景证据 e，此时式(3-4)可修订为：

$$P(B_i|A,e)=\frac{P(A\mid B_i,e)P(B_i\mid e)}{\sum_{j=1}^{n}P(A\mid B_j,e)P(B_j\mid e)}(i=1,2,\cdots,n) \tag{3-5}$$

贝叶斯法则可有效量化证据约束下的概率问题，即 P(结果|原因)。

(6) 分隔定理：假设 A,B,C 为贝叶斯网络中的三个节点，当且仅当 A 与 C 之间不存在以下情况的路径时，称 B 隔离了 A 与 C，记作 $<A\mid B\mid C>_D$：

①所有含有聚合弧段的节点或其子节点是 B 的元素；

②其他节点不是 B 的元素。

(7) 独立性：依据上述的条件独立性假设，如果 B 隔离了 A 与 C，则认为 A 和 C 是条件独立的。如果两个事件没有任何关系，不存在隔离，即一个事件的发生和另一个事件完全没有关系，则称为绝对独立。这两个概念可依据图 3-1 解释。

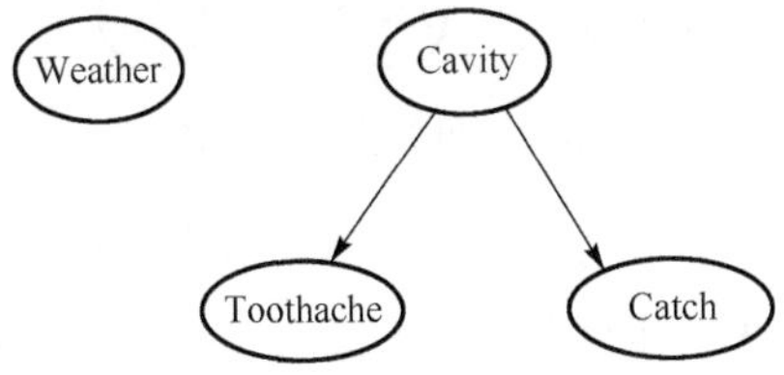

图 3-1　事件关系示例图

从图 3-1 可以看出，事件 Toothache 和 Catch 被事件 Cavity 隔离，则称 Toothache 和 Catch 条件独立。事件 Weather 和事件 Cavity 完全没有关系，则称二者绝对独立。基于上述解释，假设事件 B 隔离了 A 与 C，事件 D 和事件 B 完全没有关系，则条件独立和绝对独立的计算公式分别如式(3-6)、式(3-7)所示：

$$P(A\mid C,B)=P(A\mid B) \tag{3-6}$$

$$P(D|B) = P(D) \quad \text{或者} \quad P(B,D) = P(B) \times P(D) \tag{3-7}$$

式(3-7)所示的绝对独立公式可以扩展为在一个条件下的多个事件的联合条件概率，可表示为：

$$P(B,D|Z) = P(B|Z) \times P(D|Z) \tag{3-8}$$

在贝叶斯网络的推理过程中，经常会涉及上述概率基础，本书在后续介绍概率推导章节均会用到上述公式。

3.3　贝叶斯网络的拓扑结构及概率推导

贝叶斯网络是一种概率网络，基于条件独立性假设，可以从贝叶斯网络中获取节点之间的关系是依赖还是独立。此外，依据贝叶斯网络的条件概率表(Conditional Probability Table，CPT)，可以获得节点的联合概率分布。贝叶斯网络最大的优势是实现对不确定问题的预测，预测的过程即贝叶斯学习的过程，亦是概率推导过程。本节在介绍贝叶斯网络拓扑结构的基础上，简单介绍常用的贝叶斯网络的概率推导过程。

3.3.1　贝叶斯网络的拓扑结构

贝叶斯网络的拓扑结构是一个有向无环图(Directed Acyclic Graph，DAG)，图 3-2 为一个简单的贝叶斯网络示例图。

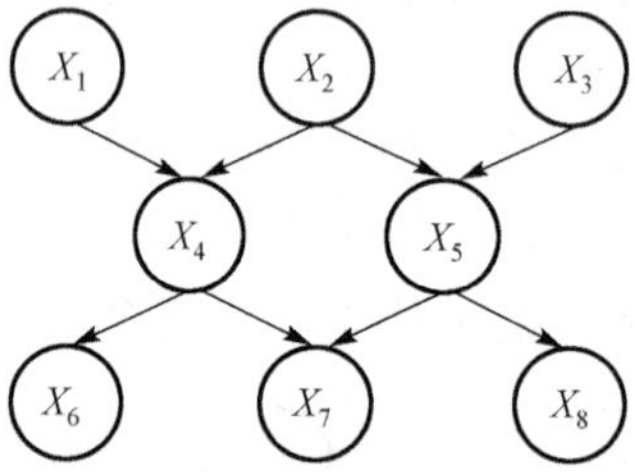

图 3-2　贝叶斯网络示例

图 3-2 中每个节点代表一个属性或者变量，节点间的弧代表属性(变量)间的概率依赖关系。一条弧由节点 X_i 指向节点 X_j，说明节点 X_i 的取值可以对节点 X_j 的取值产生影响。另外，由于贝叶斯网络是有向无环图，所以节点 X_i 和节点 X_j 之间不会产生回路。在贝叶斯网络中，直接的原因节点称为其结果节点的双亲节点(Parents)，如图 3-2 中节点 X_4 为节点 X_6 和 X_7 的双亲节点，反过来，节点 X_6 和 X_7 均为节点 X_4 的孩子节点(Children)。如果某个节点 X_i 有一条通路可以指向节点 X_j，则称节点 X_i 为节点 X_j 的祖先节点(Ancestor)，节点 X_j 为节点 X_i 的后代节点(Descentent)。在贝叶斯网络中，没有输入的节点为根节点(Root)，如图中的 X_1 为根节点。

贝叶斯网络中的有向弧体现了节点间的依赖关系，如果网络中两个节点之间有弧连接说明二者之间有因果关系；反之，如果节点之间没有直接或间接连接的弧，说明二者之间是独立的，没有依赖关系。节点间的独立性是贝叶斯网络中非常重要的一个性质，可以在贝叶斯推理过程中大大减少计算量。

条件概率表是贝叶斯网络中非常重要的部分，其获得的理论基础是：在贝叶斯网络中一个祖先节点可以通过不同的路径到达某个后代节点，而并非仅有一条路可走。据此，某节点在其双亲节点的不同组合下可得到不同的概率，这些概率就构成了该节点的条件概率表。

3.3.2　概率推导

贝叶斯网络的概率推导实际上是依据条件概率表提供的先验概率和已知的证据节点，来计算待预测节点的后验概率的过程。其中的关键点是条件概率表的建设，一般情况下，条件概率表依据相关概率公式计算获得。

贝叶斯网络规定以节点 X_i 的父节点为条件，X_i 与任意非 X_i 子节点条件独立，按此约定有 n 个节点的贝叶斯网络的联合概率分布为[79]：

$$P(X_1,X_2,\cdots,X_n)=\prod_{i=1}^{n}P(X_i\mid\pi(X_i)) \tag{3-9}$$

其中，$\pi(X_i)$ 是网络中 X_i 父节点集合 $\Pi(X_i)$ 中的变量取值后的一个组合。若 X_i 没有父节点，则集合 $\Pi(X_i)$ 为空，即 $P(X_i\mid\pi(X_i))=P(x_i)$。

贝叶斯网络可以处理不完整或者带有噪声的数据集，因此被日益广泛地应用于各种推理程序中，此外，由于贝叶斯网络可以方便地融入已有的先验知识，将其和潜在知识相结合，可以弥补已有方法的缺点，因此在人工智能领域得到了广泛的应用。

3.3.3　动态贝叶斯网络

本章 3.3.1 节及 3.3.2 节介绍的知识主要针对的是静态贝叶斯网络，实际上还有一种结构称为动态贝叶斯网络(Dynamic Bayesian Network，DBN)，这里的动态体现在样本数据和观测数据的变化。一般情况下，动态贝叶斯网络具有如下特点：

(1)网络的基本拓扑结构在每个时间片内相同；

(2)片与片之间通过类似的弧相连。

动态贝叶斯网络的概率推导基于静态贝叶斯网络完成，与静态贝叶斯网络推理的不同是在式(3-9)的基础上加上时间信息，此外还需要做出如下假设：

(1)假设在一个时间片内条件概率的变化过程是平稳的；

(2)假设动态概率过程符合马尔可夫过程，即未来时刻的概率仅和当前时刻有关，而与过去时刻没有关系，如式(3-10)所示：

$$P(X[t+1]|X[1],X[2],\cdots,X[t]])=P(X[t+1]|X[t]) \tag{3-10}$$

其中， $X[1],X[2],\cdots,X[n]$ 表示与时间相关的随机变量。

(3)假设相邻时间的条件概率过程是平稳的，即 $P(X[t+1]|X[t])$ 与时间 t 无关。

基于上述假设，可得到动态贝叶斯网络的拓扑结构，该网络包括两部分(如图 3-3 所示)：①初始网络 B_0 ，该网络涉及定义在初始状态 $X[1]$ 上的概率分布；②转移网络 $B_{\rightarrow}$ ，该网络涉及变量 $X[t]$ 到变量 $X[t+1]$ 上的转移概率 $P(X[t+1]|X(t))$ 。

(a) 初始网络B_0

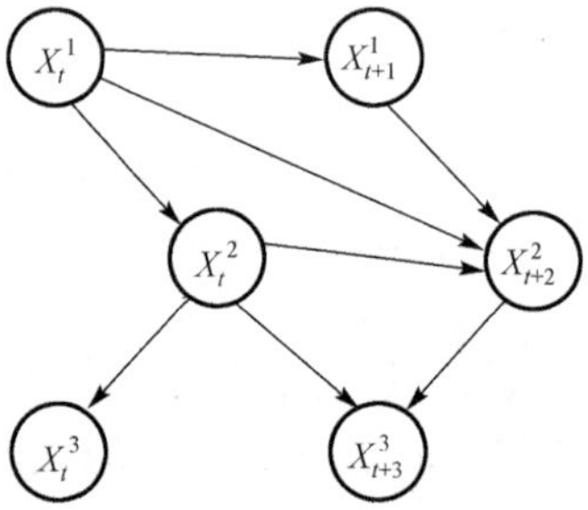

(b) 转移网络$B_{\rightarrow}$

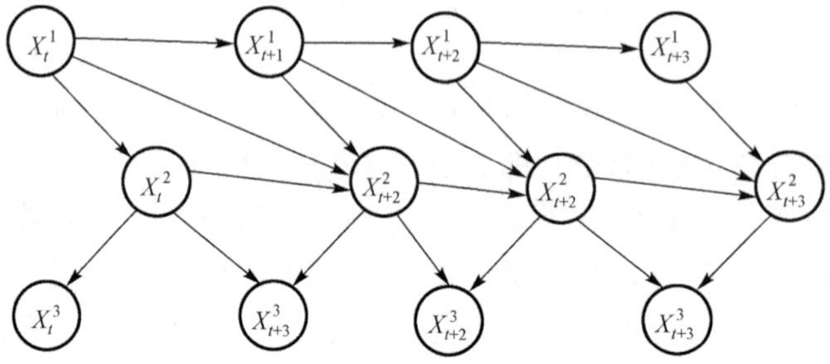

(c) 按照时间轴展开的动态贝叶斯网络

图 3-3　动态贝叶斯网络

动态贝叶斯网络在 $X[1],X[2],\cdots,X[n]$ 上的联合概率分布为：

$$P(X[1],X[2],\cdots,X[n])=P_{B_0}(X[1])\prod_{t=1}^{n}P_{B_{\rightarrow}}(X[t+1]|X[t]) \tag{3-11}$$

依据上述内容，与基本贝叶斯网络 $G(V,E)$ 不同，动态贝叶斯网络可表示为由初始网络 B_0 和转移网络 $B_{\rightarrow}$ 构成的网络，即表示为（ B_0 ， $B_{\rightarrow}$ ）。在 B_0 (3-3(a))和 $B_{\rightarrow}$ (图 3-3(b))的基础上，按照时间轴展开可得到图 3-3(c)所示的动态贝叶斯网络拓扑结构图。

3.4　贝叶斯网络的推理

贝叶斯网络的推理从先验知识或历史知识入手，依据基本的贝叶斯规则，沿有向弧的方向进行逐层推理，最终得出需要的预测概率。依据具体的推理方向，贝叶斯网络可以分为三种推理模式[30]：因果推理、诊断推理和解释推理。

1. 因果推理或自上而下的推理

这种推理方式依据贝叶斯网络中弧的指向进行正向推理，本书前面章节已经介绍，贝叶斯网络中的弧体现的是因果关系，故正向推理也称为因果推理。以图 3-2 所示的静态贝叶斯网络为例，采用因果推理的方法求概率 $P(X_4 \mid X_1)$，结果如式(3-12)所示：

$$P(X_4 \mid X_1)=\sum P(X_4, X_2 \mid X_1) = \sum P(X_4 \mid X_2, X_1) P(X_2 \mid X_1) \tag{3-12}$$

观察式(3-12)，因果推理的过程可总结如下：

(1)将询问节点(X_4)的其他父节点(未在条件中出现)加入到询问节点，条件不变，对新节点的所有状态求和。

(2)利用贝叶斯规则将和式中的每一项展开，因为伴随询问节点的 CPT 只提供了形式为 $P(X_i \mid \pi(X_i))$ 的概率。

2. 诊断推理或自下而上的推理

此模式是在已知结论的前提下，推断出可能引发该结论的原因。仍以图 3-2 为例，求概率 $P(X_1 \mid X_4)$，计算结果如式(3-13)所示：

$$P(X_1 \mid X_4) = \frac{P(X_4 \mid X_1) P(X_1)}{P(X_4)} \tag{3-13}$$

其中，$P(X_4 \mid X_1)$ 需利用因果推理求得。所以诊断推理的重要一步是将概率转换为因果推理的形式。

3. 解释推理

如果问题中已经包含了原因和结果，此时需要推断其他导致该结果的原因，则可采用解释推理，解释推理为上述两种推理方式的融合，即在诊断推理中运用因果推理。例如在图 3-2 中，依据解释推理求解概率 $P(X_1 \mid X_4, X_2)$ 的过程：

$$P(X_1 \mid X_4, X_2) = \frac{P(X_4 \mid X_2, X_1) P(X_2 \mid X_1) P(X_1)}{P(X_4 \mid X_2) P(X_2)} \tag{3-14}$$

其中，$P(X_4 \mid X_2)$ 也需要利用因果推理，本质上解释推理是前两种模式的混合。

3.5　贝叶斯网络与因果分析

贝叶斯网络的因果分析对数据分析、话题发展演化、预测等都具有重要的意义。理论上，因为我们常常依据不同变量间的因果关系构建贝叶斯网络，所以贝叶斯网络本身有一定的因果含义，但是，贝叶斯网络的概率推导多基于条件独立性假设，因此不加限定地将贝叶斯网络应用于因果分析尚有不妥。

文献[80]给出了因果贝叶斯网络和非因果贝叶斯网络的概念，如下：

因果贝叶斯网络：对于有向无环图 C 和变量集合 X，如果：①C 中的节点和 X 中的变量一一对应；②有一条弧自节点 X_i 指向节点 X_j 当且仅当 X_i 是 X_j 的直接原因，则称 C 为因果贝叶斯网络。

非因果贝叶斯网络：如果变量之间采用条件独立性表示，则该网络为非因果贝叶斯网络。

考虑到贝叶斯网络在因果分析中的应用性，可尝试依据贝叶斯网络挖掘话题识别与追踪中的因果关系，实现对话题演化的深入研究。理论上，新闻话题的发展脉络一般不是跳跃式的，多具有因果关系，故进行因果关系挖掘，理论上可以实现对话题发展趋势的预测，为舆情控制提供理论依据。

3.6　贝叶斯网络在话题识别与追踪中的应用

话题识别与追踪属于舆情监测的范畴，热点话题发现和话题演化的相关研究均基于话题识别与追踪理论。所谓话题演化即计算后续报道和已有话题的相似度，如果相似则将该报道加入话题的描述，重复该操作，即不断充实话题内容，实现话题的演化。分析上述过程，可得到如图 3-4 所示演化流程。

观察图 3-4 可以发现，当新报道和话题的相似度大于设定的阈值时，该报道属于已有话题，将新报道内容加入到已有话题，实现话题演化；如果二者的相似度小于预定的阈值，则该报道属于其他话题或者属于一个新的话题(话题发现)。无论话题发现还是话题演化，通过上述分析可以发现，二者的关键步骤均是计算话题和新闻报道的相似度，而相似度计算的基础是话题模型，因为有了话题和报道的表示才可以计算二者的相似度。

常用的话题模型包括向量空间模型、概率模型，其中概率话题模型包括语言模型、LDA 模型和贝叶斯网络模型。向量空间话题模型和基于向量空间的信息检索模型理论类似，只是应用领域不同。1998 年，Allan[81]考虑到信息检索与话题识别与追踪的共性，尝试将信息检索领域的向量空间模型应用于话题建模，并验证了研究的有效性。该模型将话题和新闻报道分别采用向量表示，采用余弦夹角公式计算二者的相似度，从而实现话题识别与追踪。考虑到基本向量空间模型没有融合新闻报道本身的特点、易出现话题漂移等不足，研究者们对其进行了扩展，扩展研究主要基于新闻报道的特点和基本向量空间模型的不足展开。

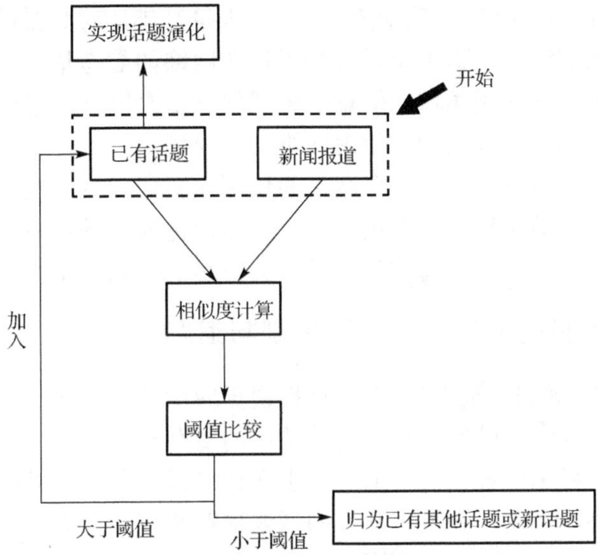

图 3-4　话题演化流程图

概率话题模型不同于向量空间模型，它采用条件概率计算新报道和话题的相似度，理论上，该类模型可以更好地模拟话题的形成过程。目前常用的概率话题模型包括语言模型，狄利克雷分布(LDA)模型和基于贝叶斯理论的话题模型。在信息检索领域应用较多的是 n 元语言模型，即在已知前面 $n-1$ 个词的前提下，预知第 n 个词是什么，在话题识别与追踪领域多采用一元语言模型，即假定所有词语是相互独立的，最终运用联合概率计算话题和新闻报道的相似度。

语言模型的最大缺点是数据稀疏性，即零概率问题，为解决该问题，研究者们多采用不同的平滑技术[82]进行改进。LDA[83]是目前广泛使用的一种具有文本主题表示能力的非监督学习模型，它从一个数据集中挖掘指定个数的潜在话题模型，然后用这些话题模型表示文本，达到特征降维的目的。考虑到 LDA 模型在自然语言处理领域的应用优势，研究者们[84-86]尝试从不同角度将 LDA 模型应用于话题识别与追踪，包括模型的直接应用和一系列扩展研究，并实验验证了相关研究的合理性。

基于贝叶斯理论的话题识别与追踪研究起步较晚，2010 年，Godec 等[87]提出将朴素贝叶斯应用于在线追踪任务，利用条件概率计算新闻报道属于话题的条件概率，从分类的角度实现话题识别与追踪。此外，为尽量避免话题在线追踪中的话题漂移问题，Godec 等将时序信息融入特征的权重计算。Li 等[88]提出应用朴素贝叶斯理论进行话题追踪，首先将样本训练为不同类别，然后利用贝叶斯分类器计算新报道和已有话题的相关度，通过阈值比较判断其是否属于已有话题。信念网络是一种有效的信息检索模型，该模型提供了一种因果关系图，可以在其上进行学习，模拟话题识别与追踪的过程。吴树芳等[89]以信念网络为理论基础，对其在话题识别与追踪领域的应用展开了系列研究，提出了系列基于信念网络的静态话题模型和动态话题模型。对于强调准确率的应用领域可侧重于采用静态信念网络话题模型，对于强调查全率的应用领域可侧重于采用动态信念网络话题模型。

本书在后续研究中采用基于信念网络的话题模型作为表示模型，展开热点话题的发现和演化研究，故本章重点介绍基于贝叶斯理论的话题模型，具体包括：基于朴素贝叶斯理论的话题识别与追踪和基于信念网络的话题识别与追踪。

3.6.1　基于朴素贝叶斯理论的话题识别与追踪

随机学习方法(例如随机森林)在计算机视觉应用领域表现出较大的优势，考虑到采用结构简单的朴素贝叶斯代替这些算法中的复杂树形结构，可以不影响算法的性能，Godec 等[87]提出将朴素贝叶斯应用于在线追踪任务，并采用实验验证了该方法的有效性。此外，在基于朴素贝叶斯的话题追踪研究中，为解决话题漂移问题，Godec 等在相关研究中考虑了时序因素，提出了基于时序信息的话题特征权重计算方法。

给定训练集合 $\chi=\{(s_1,y_1),(s_2,y_2),\cdots,(s_n,y_n)\}$，其中 $s\in R^D$ 为 D 维特征空间上的样本，$y\in\{1,2,\cdots,K\}$ 为类标签，依据 3.5 节的贝叶斯理论，样本 s 上的分类问题可以被公式化为：

$$P(y=i\,|\,s)=\frac{P(i)P(s\,|\,i)}{P(s)} \tag{3-15}$$

$P(i)$ 是类 i 的先验概率，$P(y\,|\,s)$ 是关于样本 s 和类 i 的未知条件概率分布，假设样本 s 的表示特征 w_i 相互独立，则：

$$P(s\,|\,i)=P(k_1,k_2,\cdots,k_D\,|\,i)=P(k_1\,|\,i)P(k_2\,|\,i)\cdots P(k_D\,|\,i) \tag{3-16}$$

假设类分布服从独立的一致性假设，则分类器 F 可表示为：

$$F(s)=\arg\max_i\prod_{d=1}^{D}P(k_d\,|\,i) \tag{3-17}$$

基于以上理论，为了得到更好的分类效果，Godec 等建立了随机朴素贝叶斯分类器集成，假设有 B 个分类器，每个分类器随机选择 F 个特征，对于类 i 条件下样本 s 的概率分布为：

$$P(s\,|\,i)\sim\sum_{b=1}^{B}\prod_{f=1}^{F}P^b(k_f\,|\,i) \tag{3-18}$$

在话题识别与追踪领域，n 个话题可以认为是 n 类，当追踪一个新报道 s 的话题归属时，实际上是判断该报道属于 n 个话题的哪一类，可采用式(3-15)所示的计算方法计算条件概率值，然后选择最大的条件概率，并通过阈值比较确定该报道的归属。

此外，为解决在线话题追踪中的时序噪声和概念漂移问题，研究者们在上述研究的基础上，融入了时间信息，给出新的权重计算公式：

$$w_{t_0}^{\text{norm}} = \sum_{t=-\infty}^{t_0} w_t \times r^{t_0 - t} \tag{3-19}$$

w_t 为 t 时刻的权重，t_0 表示当前的更新时间，r 用于表示遗忘速度。

此外，Li 等[88]也提出应用朴素贝叶斯进行话题追踪。考虑到文本分类是话题追踪过程中的关键技术，而贝叶斯算法又是一个有效的文本分类模型，Li 等将贝叶斯模型作为文本分类的关键技术，并结合向量空间模型，提出了一个基于贝叶斯网络的话题追踪系统，实验结果显示，该系统具有较好的追踪性能。

3.6.2　基于信念网络的话题识别与追踪

向量空间检索模型在话题识别与追踪领域的成功应用，从理论上验证用于信息检索的贝叶斯网络亦可用于该领域。本书尝试将贝叶斯网络检索模型之一——信念网络模型用于话题建模，为该领域提出新的研究方法，展开基于信念网络的话题识别与追踪研究。

结合信念网络模型和新闻报道的特点，吴树芳等给出四个基于信念网络的话题模型：基于信念网络的静态话题模型 I(BSTM-I)、基于信念网络的静态话题模型 II(BSTM-II)、基于信念网络的动态话题模型 I(BDTM-I)和基于信念网络的动态话题模型 II(BDTM-II)，包括模型的拓扑结构和概率推导。其中 BSTM-I 和 BSTM-II 属于静态话题模型，即在话题追踪过程中，话题内容保持不变，保证了话题初始核心内容的守恒，为体现新闻话题中核心报道、核心事件的重要性，在 BSTM-I 的基础上，BSTM-II 加上了事件层，并对特征权重进行两次调整，提高了话题识别与追踪的准确性。这两个模型的优点是准确率高，缺点是不能动态更新话题内容导致漏报率高。BDTM-I 属于动态话题模型，即在话题追踪过程中，话题内容将会不断充实，从而降低话题识别与追踪的漏报率。以上三个话题模型沿用了传统建模思想，具备和以往模型相同的优缺点：静态模型高漏报率、低误报率，动态模型高误报率、低漏报率。第四个基于信念网络的话题模型 BDTM-II 运用信念网络模型提供了一个灵活框架的优势，将话题的初始核心内容和更新内容作为两项证据进行归并，实现了对静态模型和动态模型优缺点的折中，有效地控制了话题漂移现象。根据应用领域的不同，以上四种模型均具备存在的必要性。本书在后续研究中多采用 BDTM-II 作为表示模型，展开热点话题发现及演化的理论研究或者实证研究。

1. 基于信念网络的静态话题模型

静态话题模型的基本思想是保持初始核心的守恒，即对于新闻话题 t，其描述内容始终为初始识别时的内容，不会随着时间的推移而动态更新。该模型的优点是不会出现话题漂移现象，误报率比较低。本书给出了两个基于信念的话题模型，图 3-5 为基于信念网络的静态话题模型 I(BSTM-I)。观察图 3-5 可以发现，静态信念网络话题模型包括三类节点：待检测报道节点 s_n，对话题的描述节点(术语节点) k_i，待追踪话题节点 t_j，话题的所有初始描述术语组成术语集合 C，该集合为话题的初始核心内容。图中的弧表示索引关系，即如果术语 $k_i \in t_j$，则有一条弧自特征 k_i 指向话题 t_j。

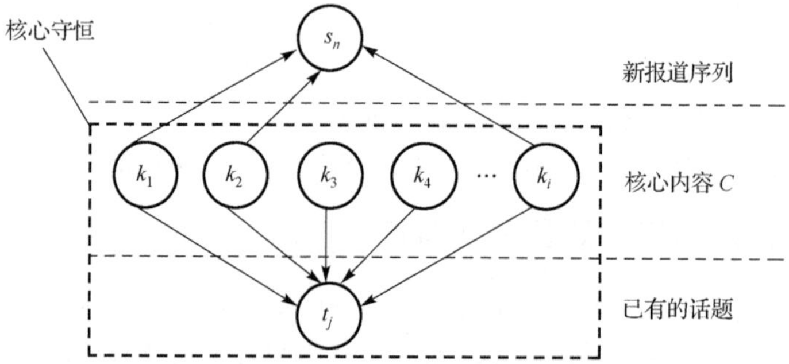

图 3-5　基于信念网络的静态话题模型 I(BSTM-I)

上述模型采用条件概率计算新报道 s_n 和话题 t_j 的相似度，依据贝叶斯理论，计算公式如下：

$$\mathrm{Sim}(t_j,s_n)=P(t_j\mid s_n)=\alpha\sum_{\forall c}P(t_j\mid c)\times P(s_n\mid c)\times P(c) \tag{3-20}$$

其中，α 是一个规范化因子，$c\subseteq C$ 为概念空间(核心内容)的子集，也可以认为是一个基本概念，这里的定义和应用于信息检索领域的基本信念网络模型是一致的。如果集合 C 中包含 m 个术语，则该集合的子集个数为 2^m，一般假设集合 C 的所有子集等概率出现。此外，在信念网络检索模型中，对条件概率 $P(t_j\mid c)$、$P(s_n\mid c)$ 的不同规定可以得到不同的排序策略，参考用于信息检索的信念网络模型相关理论，本书做出如下定义：

$$P(s_n\mid c)=\begin{cases}\dfrac{\mathrm{num}(s_n\cap c)}{\mathrm{num}(c)}, & \text{条件1}\\ 0, & \text{否则}\end{cases} \tag{3-21}$$

$$P(t_j\mid c)=\frac{\sum_i w_{ji}\times w_{ci}}{\sqrt{\sum_i w_{ji}^2}\times\sqrt{\sum_i w_{ci}^2}} \tag{3-22}$$

$$P(c)=\frac{1}{2^{m}} \tag{3-23}$$

其中，“条件 1”描述为：$\mathrm{num}(s_n \cap c)>\lambda$，$\lambda$ 为预设值，$\mathrm{num}(s_n \cap c)$ 和 $\mathrm{num}(c)$ 分别表示集合 $\{s_n \cap c\}$ 和 $\{c\}$ 中的术语个数，依据以上公式可以计算出新报道 s_n 和已有话题 t_j 的相似度，如果相似度值大于阈值 θ，则认为 s_n 属于话题 t_j，否则判断该话题属于其他已知话题还是新的种子话题。

在 BSTM-Ⅰ模型的基础上，文献[89]给出了第二个基于信念网络的静态话题模型(BSTM-Ⅱ)。其拓扑结构包括四类节点：新报道、术语、事件、话题。加入事件节点层的目的有两个：一是模型化地表示出术语、报道、事件、话题的归属关系，二是为了体现核心事件在话题中的重要性。拓扑结构中的弧依然标明节点间的索引关系。在概率推导过程中，为了突出核心报道、核心事件的重要性，BSTM-Ⅱ对特征权重进行了两次调整。

BSTM-Ⅱ模型的构建需要基于以下工作：

(1) 运用样本报道已构建出术语库 $C=\{k_1,k_2,\cdots,k_n\}$。其构建过程可采用一定的分词技术，获得部分术语来表示每个样本报道 s_i。

(2) 已构建事件库 $E=\{e_1,e_2,\cdots,e_m\}$，每个事件由多个报道组成，同一个事件中的所有报道围绕核心报道展开，所以在事件描述中，核心报道中出现的术语权重应该提高，可采用下式所示的提高方法对初步形成的术语库 C 中的个别术语权重做出调整：

$$w(k_i')=\alpha\times w(k_i) \tag{3-24}$$

其中，$w(k_i')$ 是某个事件中的核心报道中的术语调整后的权重，α 是一个提高因子，其值大于 1。

(3) 已构建话题库 $T=\{t_1,t_2,\cdots,t_r\}$，构建方法和从术语库到事件库的构建类似，话题库中的每一个话题 t_i 的描述术语来源于与其对应的事件库。与上述内容类似，一个话题往往围绕一个核心事件展开，为体现核心事件在话题中的重要性，这步工作将对核心事件中的术语权重做出调整，调整策略如下：

$$w(k_i'')=\alpha\times w(k_i') \tag{3-25}$$

依据上述建好的术语库、事件库和话题库，建立适合话题识别的信念网络模型拓扑结构，如图 3-6 所示，并给出了识别新报道 s_n 的概率计算，通过阈值比较，判断 s_n 属于已有话题还是新的种子话题。

图中的节点包括四部分，分别表示新报道 s_n，用于描述报道的术语 k_i，用于描述事件的 e_i 和话题 t_i。弧的指向表明索引关系，例如报道术语库中的术语 k_1，k_2，k_3，k_4 均有弧指向新报道 s_n，则 $s_n=\{k_1,k_2,k_3,k_4\}$。观察图 3-6 可以发现，整个网络是信念网络，但是虚框括起的部分是推理网络，所以在概率推理过程中还涉及推理网络的相关知识。假设所有话题 t_i 的先验概率是相等的，依据贝叶斯概率、条件独立性

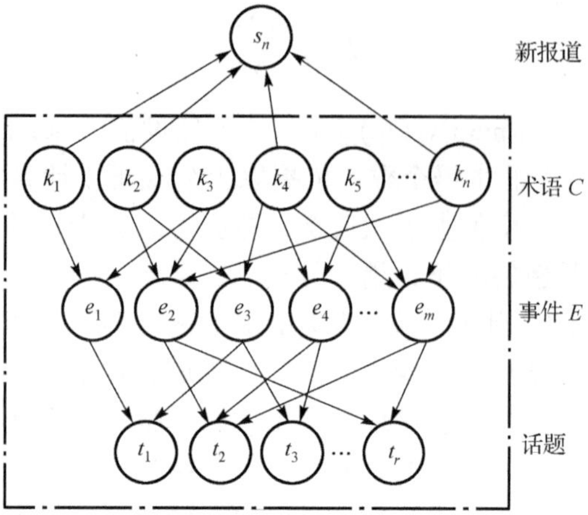

图 3-6　基于信念网络的静态话题模型 II

假设和推理网络相关知识可得如下公式：

$$\mathrm{Sim}(t_i,s_n)=P(t_i\mid s_n)=\eta\sum_{\forall k,e}P(t_i\mid e)\times P(s_n\mid c)\times P(e\mid c) \tag{3-26}$$

式中，η 是一个规范化因子，条件概率 $P(t_i\mid e)$，$P(s_n\mid c)$ 和 $P(e\mid c)$ 可分别由式（3-27）～式（3-29）计算：

$$P(s_n\mid c)=\begin{cases}\dfrac{\mathrm{num}(s_n\cap c)}{\mathrm{num}(c)}, & \text{条件1}\\ 0, & \text{否则}\end{cases} \tag{3-27}$$

$$P(t_i\mid e)=\frac{\sum_j w_{ij}\times w_{ej}}{\sqrt{\sum_j w_{ij}^2}\times\sqrt{\sum_j w_{ej}^2}} \tag{3-28}$$

$$P(t_i\mid e)=\frac{\sum_i w_{ei}\times w_{ki}}{\sqrt{\sum_i w_{ei}^2}\times\sqrt{\sum_i w_{ki}^2}} \tag{3-29}$$

根据式（3-26）计算报道 s_n 和所有已有话题 $t_i(i=1,2,\cdots,r)$ 的相似度，获得 $\max_{i=1}^{r}(\mathrm{Sim}(t_i,s_n))$，若其值大于给定的阈值 θ，则将新报道 s_n 归类为相似度最大的话题，否则将其作为新的种子话题输出。

2. 基于信念网络的动态话题模型

动态话题模型的思想不同于静态话题模型，话题的描述内容会随着时间的推移动态更新，其基本思想是：对于话题 t_j，如果新报道 s_n 属于该话题，则话题的初始核心内容将会更新，这是正向的更新，为了获得更好的追踪效果，Zhang 等[90]在其相关研究中同时进行了正向和逆向的更新：即如果新报道属于已有话题则正向更新，如果新报道不属于已有话题则逆向更新，即权重衰减。理论上，动态话题模型更符合实际情况，其优点是降低漏报率，缺点是可能提高误报率。动态信念网络话题模型 I(BDTM-I) 如图 3-7 所示。

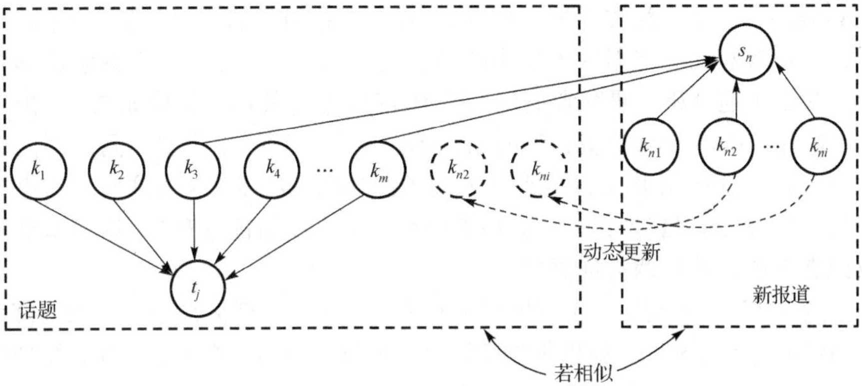

图 3-7　基于信念网络的动态话题模型 I

基于信念网络的动态话题模型的节点类别与静态信念网络话题模型相同，依然包括报道节点 s_n，话题节点 t_j 和术语节点 k_i，此外弧的指向依然标识索引关系。二者的不同在于初始核心是否守恒，动态信念网络话题模型会随着话题的发展不断融入新的信息，体现话题的动态演化。

该模型仍然采用式(3-20)计算待测新闻报道和话题的相似程度，根据计算结果和阈值比较，如果新闻报道 s_n 和话题 t_j 是相关的，需要处理以下两种情况：

(1) 如果新的相关报道 s_n 中的术语 k_{nm} 在话题 t_j 中也存在，即 $k_{nm} \in s_n$，则需要对话题 t_j 中的术语 k_{nm} 的权重 w_{nm} 进行调整，调整方法如下：

$$\text{final}(w_{nm}) = \frac{\text{topic}(w_{nm}) + \text{new}(w_{nm})}{2} \tag{3-30}$$

其中，$\text{topic}(w_{nm})$ 表示术语 k_{nm} 未调整之前在话题 t_j 中的权重，$\text{new}(w_{nm})$ 表示术语 k_{nm} 在待测报道 s_n 中的权重，$\text{final}(w_{nm})$ 表示话题 t_j 中术语 k_{nm} 的调整后权重。

(2) 如果术语 k_{nm} 属于报道 s_n，但是不属于话题 t_j，则直接将该术语加入话题，$\text{topic}(w_{nm}) = \text{new}(w_{nm})$，且模型需要作出相应的动态调整：将术语 k_{nm} 作为话题 t_j 的描述特征加入到图 3-7 所示模型的左侧术语集合，增加一条由术语 k_{nm} 指向话题 t_j 的弧。

观察图 3-5 和图 3-7，分析静态信念网络话题模型和动态信念网络话题模型，可以发现，二者的计算方法从形式上看完全相同，不同点在集合 C。静态信念网络话

题模型的 C 始终保持不变，而动态信念网络话题模型的 C 会随着话题的演化而不断更新。

随着话题的不断发展、演化，话题的初始核心术语的权重可能会不断被调整，如果在演化的过程中将错误的信息用于更新，则会冲淡话题的初始核心，甚至出现漂移，这也是传统动态话题模型的典型缺点。为解决该问题，吴树芳等[89]提出了另一个动态信念网络话题模型，该模型充分利用了信念网络的优点。信念网络的最大优势是其提供了一个灵活的框架，可以有效地归并不同的证据信息。如果能把话题的初始核心内容和动态更新内容作为两类证据分别对待，则可以有效解决 BDTM-Ⅰ的缺点。基于上述分析，研究者们提出了 BDTM-Ⅱ，其拓扑结构如图 3-8 所示。图 3-8 所示拓扑结构的节点类型和弧的指向的意义与上述三个模型相同，不同点在中间的术语层。BDTM-Ⅱ将术语节点分为两类：初始核心术语 k_{si}（这些术语组成初始核心证据 C）、动态更新术语 k_{ui}（这些术语组成动态更新证据 U），该模型最终可通过析取或者合取运算将两类证据归并。

观察图 3-8 可以发现，如果将模型中右侧的动态更新证据 U 去掉，则该模型退化为信念网络静态话题模型；如果不将初始核心证据与更新证据分开，则该模型的拓扑结构与 BDTM-Ⅰ 一致。通过上述分析可以发现，从拓扑结构上来看，BDTM-Ⅱ的灵活性优于 BSTM-Ⅰ和 BDTM-Ⅰ。

依据贝叶斯概率、条件独立性假设和析取运算（or）的定义，可采用下式计算 BDTM-Ⅱ中新报道 s_n 和话题 t_j 的相似度：

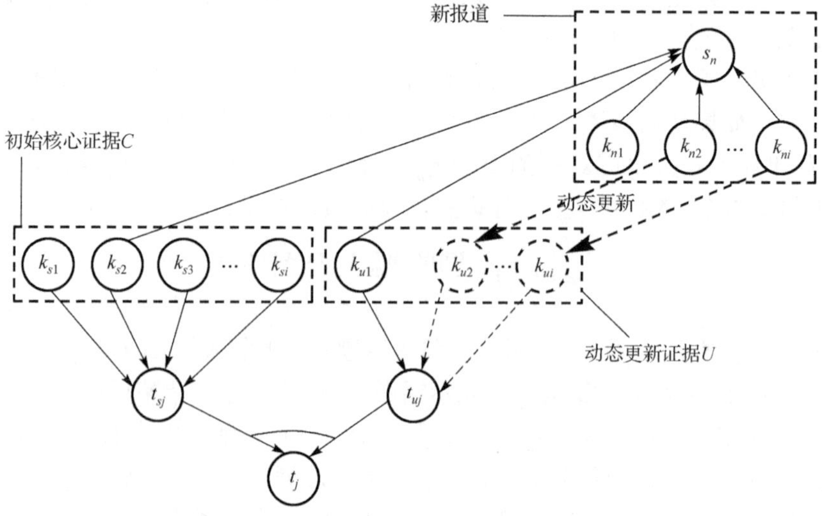

图 3-8　基于信念网络的动态话题模型Ⅱ

$$
\begin{aligned}
P(t_j \mid s_n) &= \mathrm{sim}(t_j, s_n) \\
&= \mu \times \sum_{\forall c,u} P(t_j, s_n \mid c,u) \times P(c) \times P(u) \\
&= \mu \times \sum_{\forall c,u} (1-(1-P(t_{sj} \mid c)) \times (1-P(t_{uj} \mid u))) \\
&\quad \times P(s_n \mid c) \times P(s_n \mid u) \times P(c) \times P(u)
\end{aligned} \tag{3-31}
$$

其中，μ 为规范化因子，概率 $P(c)$ 和 $P(u)$ 运用式(3-23)计算(所有子集等概率出现)，概率 $P(t_{sj} \mid s)$、$P(t_{uj} \mid u)$ 采用式(3-22)计算，$P(s_n \mid s)$ 和 $P(s_n \mid u)$ 采用式(3-21)计算。

式(3-31)中，初始核心证据部分用于降低误报率，动态更新证据部分用于降低漏报率，二者的有效融合可以实现静态话题模型和动态话题模型优缺点的折中。为了适应不同应用场景的具体需求，对式(3-31)做出修正，加上二者的贡献度参数 α 和 β，修订后的公式如式(3-32)所示。

$$
\begin{aligned}
P(t_j \mid s_n) &= \mathrm{sim}(t_j, s_n) \\
&= \mu \times \sum_{\forall s,u} (1-(1-\alpha P(t_{sj} \mid s)) \times (1-\beta P(t_{uj} \mid u))) \\
&\quad \times P(s_n \mid s) \times P(s_n \mid u) \times P(s) \times P(u)
\end{aligned} \tag{3-32}
$$

观察式(3-32)可以发现，如果参数 $\alpha = 0$，则动态信念网络话题模型Ⅱ变为动态话题模型Ⅰ，如果参数 $\beta = 0$，则动态信念网络话题模型Ⅱ变为静态信念网络话题模型Ⅰ。

在话题追踪过程中，动态信念网络话题模型Ⅱ的初始核心证据 C 始终不会变化，如果新报道 s_n 和话题 t_j 相似，则更新证据 U 将会变化，其更新方法如下：

(1) 如果新报道 s_n 中的术语 k_{ni} 从未在更新证据 U 中出现，则直接将其加入 U；

(2) 如果新报道 s_n 中的术语 k_{ni} 在更新证据 U 中存在，则对其权重进行调整，调整方法同动态信念网络话题模型Ⅰ。

考虑到动态信念网络话题模型Ⅱ的优势，本书在后续研究中，均采用该模型作为表示模型，展开热点话题的发现与演化研究。

3.7　本 章 小 结

本书是在贝叶斯网络的基础上展开热点话题发现及演化的相关研究，为了便于读者理解本书在后续章节使用的信念网络话题模型，本章对贝叶斯网络相关知识做了简单介绍，具体包括：贝叶斯网络简介、相关概率基础、贝叶斯网路的推理、贝叶斯网络的拓扑结构及概率推导、贝叶斯网络与因果分析及基于贝叶斯网络的话题识别与追踪。其中前四节为不同贝叶斯网络共有的理论基础，贝叶斯网络与因果分析章节简单介绍了如何在贝叶斯网络中体现因果关系，并引出因果贝叶斯网络和非因果贝叶斯网络的概念。话题演化的过程实际上隐含着因果关系，例如，因为发生汶川地震才会有后续的城市重建工作，故依据贝叶斯网络的因果分析展开话题演化的研究在理论上是可行的，这也是我们未来的研究重点之一。最后一节介绍了基于贝叶斯网络的话题识别与追踪，包括基于朴素贝叶斯网络的话题识别与追踪和基于信念网络的话题识别与追踪。基于信念网络的动态话题模型是本书后续章节重点使用的话题表示模型。

第 4 章　基于上下文信息的话题字典的构建

话题识别与追踪技术的实现过程涉及话题建模、相似度计算和阈值估计，目前的主流研究集中于如何构造话题模型以提高话题识别与追踪的综合性能[91]。实际上，选择有判别力的特征能够增强话题字典对话题的描述能力，从而提高话题识别与追踪的有效性。

已有话题字典生成方法没有考虑到有判别力词之间的位置关系，比如“博尔特夺得了北京奥运会的男子 100 米冠军”，如果只考虑有判别力的词，则仅有“博尔特”和“冠军”两个词语，忽略了用于修饰有判别力词的重要信息，“北京奥运会”和“100 米”，虽然它们是作为修饰词出现，但是恰恰这些词可以区分出这个话题中的博尔特参加的是与以往不同的比赛(不同比赛，不同项目)。

根据上述分析，本章在特征选择相关理论的基础上，融合互信息理论，通过话题之间、话题内部报道和有判别力词之间的位置关系，提出一种新的有判别力的话题字典生产方法。该方法首先通过计算话题与词之间的互信息来判断每个词对话题的表示能力。然后通过计算话题之间、话题内部报道和有判别力词之间的位置关系，求解优化得到每个话题的初始有判别力的字典。最后随着时间的推移，通过新的相关报道来实现对初始话题字典的不断更新。实验在第 2 章介绍的 TDT 语料上，以上述的基于信念网络的动态话题模型Ⅱ(BDTM-Ⅱ)为表示模型，验证了新的特征选择方法的有效性。

4.1　话题特征选择

特征选择本质上是一个组合优化的问题，它的定义方法有多种，但是目的基本相同：寻找最优特征子集描述目标[92]。图 4-1 为特征选择过程的流程图。由以下流程图可以发现，特征选择的过程主要包括四部分：确定特征子集、对特征子集进行评价、特征选择的结束条件和对选择的特征子集进行性能评价。目前该方面的研究主要围绕搜索策略和评价准则展开。其中基于搜索策略划分的特征选择方法包括：全局最优搜索策略、随机搜索策略和启发式搜索策略[93]，以上搜索策略都有自己的优点和缺点，在实际应用中，可根据不同的需要选择合适的搜索策略。例如，如果样本数比较少，可选择全局搜索策略，因为其搜索性能最优，但时间消耗大；如果对计算速度的要求比较高，则可选择启发式搜索策略；若在性能和速度上为二者的折中，则可选择随机搜索策略。若基于评价标准来划分特征选择方法，包括过滤式(filter)[94]和封装式

(wrapper)[95]。由于封装式的评价标准计算量大，所以时间消耗就比较大，不适合处理大数据，其优点是计算的准确率比较高。过滤式速度比较快，选出的特征子集与后续学习算法无关，其性能低于封装式。目前应用比较普遍的是过滤式特征选择方法，包括距离度量[96]、信息度量[97]、依赖性度量[98]、一致性度量[99]。由于后文将提出基于信息度量的、结合话题特点的特征选择方法，本节首先对信息论里的几个重要概念做简单介绍，然后介绍两种话题特征选择方法。

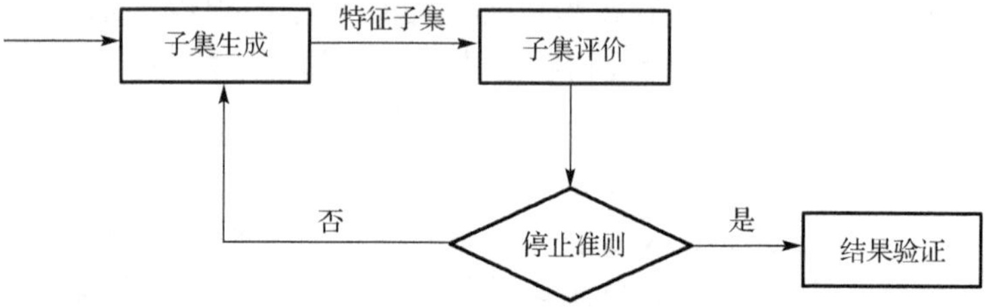

图 4-1　特征选择过程流程图

4.1.1　基本理论

目前，信息处理领域常用的特征选择方法(基于信息度量的特征选择)多是基于信息熵理论。熵的概念最早起源于统计热力学，表示系统的混乱、杂乱的程度，熵值越高表明系统的混乱程度越大；反之，熵值越低则系统的混乱程度越低。

1. 不同熵的计算

信息熵：信息论中，熵也称作信息熵或者 Shannon 熵，其采用数值的形式表示随机变量的不确定程度。计算方法如下：

$$H(X) = -\int P(x)\lg P(x)\mathrm{d}x = -E(\lg P(x)) \tag{4-1}$$

式中的 X 表示随机变量，$P(x)$ 表示随机变量 X 取值为 x 的概率。信息熵 $H(X)$ 的大小与 X 的取值无关，仅与 X 的分布有关，X 的概率分布越大则其信息熵越大。以上是连续性变量 X 的信息熵计算方法，如果 X 为离散变量，则它的信息熵可采用式 (4-2) 计算：

$$H(X) = -\sum_{i=1}^{n} P(x_i)\lg P(x_i) \tag{4-2}$$

联合熵：联合熵用于计算多个变量间共同拥有的信息量，假设有两个随机变量 X 和 Y，(X,Y) 为二者对应的联合随机变量，其对应的概率分布为 $P(x,y)$，则 X 和 Y 的联合熵为：

$$H(X,Y) = -\int_y \int P(x,y)\lg P(x,y)\mathrm{d}x\mathrm{d}y \tag{4-3}$$

类似地，如果 X 和 Y 均为离散型随机变量，则上式可表示为：

$$H(X,Y)=-\sum_{i=1}^{m}\sum_{j=1}^{n}P(x_i,y_j)\lg P(x_i,y_j) \tag{4-4}$$

条件熵：条件熵表示一个变量对另一个变量的依赖程度，在随机变量 Y 已知的情况下，变量 X 对其依赖的程度即为条件熵，其计算方法如下：

$$\begin{aligned}H(X|Y)&=\int_y P(y)H(X\mid y)\mathrm{d}y\\&=\int_y\int_x P(x,y)\lg P(x\mid y)\mathrm{d}x\mathrm{d}y\end{aligned} \tag{4-5}$$

其中 $P(x,y)$ 为变量 X 和 Y 的联合概率分布，$P(x\mid y)$ 为已知 Y 的情况下 X 的概率分布，即条件概率，由式(4-5)可知，如果 X 完全依赖于 Y，则条件熵的值为 0，表示 Y 包含 X 的所有消息。如果 X 和 Y 均为离散型随机变量，则二者的条件熵采用下式计算：

$$H(X\mid Y)=\sum_{i=1}^{m}\sum_{j=1}^{n}P(x_i,y_j)\lg P(x_i\mid y_j) \tag{4-6}$$

2. 基于信息度量的特征选择方法

常用的基于信息度量的特征选择方法有三种，分别是：术语频度(Term Frequency，TF)、信息增益(Information Gain，IG)和互信息(Mutual Information，MI)。

术语频度：术语频度[100]为术语在文档中出现的次数，该方法计算语料集合中每个术语的出现频度，并将频度低于指定阈值的术语删除。术语频度方法基于以下假设：出现次数少的术语不但在分类中提供不了足够的类别信息，而且将其删除也不会影响全局的性能，如果频度低的术语为噪声数据，将其删除肯定会提高分类的准确性。术语频度方法是最简单的降低特征维数的技术，对于大规模语料集合，其时间计算复杂度为线性。在后续研究中发现，基本的术语频度方法存在明显的不足，例如：对于一些不重要的助词或者介词(的、了、吗、在等)在每篇文档中出现的次数都可能较高，显然简单依据词频选择特征词是存在弊端的，为了解决该问题，出现了 TF-IDF(术语频度-倒排文档频度)度量方法，其计算方法如下：

$$w_{ij}=\mathrm{tf}_{ij}\times\mathrm{id}f_i=\frac{n_{ij}}{\sum_k n_{kj}}\times\lg\frac{|D|}{|\{j:t_i\in d_j\}|+1} \tag{4-7}$$

其中，w_{ij} 为术语 t_i 在文档 d_j 中的权重，n_{ij} 表示 t_i 在文档 d_j 中出现的次数，$\sum_k n_{kj}$ 表示文档 d_j 中的词语总数，$|D|$ 表示语料中的文档总数，$|\{j:t_i\in d_j\}|$ 表示语料 D 中出

现术语 t_i 的文档数，$|\{j:t_i \in d_j\}|+1$ 的目的是为了避免分母为 0 的情况出现。

信息增益：信息增益[101]实际上是上述信息熵和条件熵的差值，假设系统原先的熵为 $H(X)$，在条件 Y 已知的情况下系统的条件熵为 $H(X|Y)$，则信息增益为：

$$\mathrm{IG} = H(X) - H(X|Y) \tag{4-8}$$

假设上式中的 X 代表类别的集合，Y 代表特征 k_j 存在和不存在两种情况，信息增益计算公式可转化为：

$$\begin{aligned}\mathrm{IG}(k_j) &= H(X) - H(X|Y) \\ &= \sum_{i=1}^{m} P(X_i)\lg P(X_i) \\ &\quad + P(k_j)\sum_{i=1}^{m} P(X_i|k_j)\lg P(X_i|k_j) \\ &\quad + P(\overline{k}_j)\sum_{i=1}^{m} P(X_i|\overline{k}_j)\lg P(X_i|\overline{k}_j)\end{aligned} \tag{4-9}$$

其中 $\{X_i\}(1 \leqslant i \leqslant m)$ 表示目标空间的类别集合，$P(k_j)$ 表示 k_j 的先验概率，即出现在文档中的概率，$P(\overline{k}_j)$ 表示特征 k_j 不在文档中出现的概率，X_i 类在文档集合中出现的概率也属于先验概率，用 $P(X_i)$ 表示。在文档包含特征 k_j 的前提下，类 X_i 出现的条件概率用 $P(X_i|k_j)$ 表示，在文档不包含特征 k_j 的情况下，类别 X_i 出现的概率用条件概率 $P(X_i|\overline{k}_j)$ 表示。

互信息：互信息[102]是为了衡量两个变量间相互依赖程度而引入的，用于衡量两个变量间共同拥有的信息含量。给定一个类别 C，特征 k，若它们的边缘概率分布分别为 $P(C)$ 和 $P(k)$，则类别 C 和特征 k 的互信息为：

$$\mathrm{MI}(C,k) = \log_2 \frac{P(C,k)}{P(C)\times P(k)} = \log_2 \frac{P(k|C)}{P(k)} \tag{4-10}$$

其中 $P(C,k)$ 为类别 C 和特征 k 的联合概率分布。由式(4-10)可知，如果特征 k 和类别 C 完全无关或相互独立，则它们的互信息为 0，意味着二者不存在相同的信息，即不存在依赖关系，反之它们具有一定程度的依赖关系。互信息 $\mathrm{MI}(C,k)$ 越大，特征 k 包含的类信息越多，即互信息仅依据包含类别信息的多少来衡量特征的重要性。

假定有 m 个类别 $C_1, C_2, \cdots, C_m$，当不知道特征 k 属于哪个类别时，k 的互信息计算方法如下：

$$\mathrm{MI}(C,k) = \sum_{i=1}^{m} P(C_i)\log_2 \frac{P(k|C_i)}{P(k)} \tag{4-11}$$

式(4-10)和式(4-11)均为基本互信息的计算公式。

4.1.2　基于增量式 TF-IDF 的话题特征选择

在话题识别与追踪领域应用比较多的是 TF-IDF 权重计算方法，在 2002 年的 TDT 评测会议中，CMU、IBM、Umass 均基于该方法进行话题特征选择。但是，话题不同于普通文本数据，属于典型的流数据，具有明显的动态性。基于此，Brants 在文献[103]中给出了一个新的话题特征选择方法：增量式 TF-IDF(Incremental TF-IDF, ITF-IDF)。在 TF-IDF 方法中，术语的频度被文档倒排频度修订，在 ITF-IDF 方法中，文档频度 $\mathrm{df}(k)$ 不是静止不变的，而是随着时间 t 变化的，假设在时刻 t，新增加新闻报道集合为 C_t，此时包含特征 k 的新闻报道总数更新为：

$$\mathrm{df}_t(k)=\mathrm{df}_{t-1}(k)+\mathrm{df}_{C_t}(k) \tag{4-12}$$

其中，$\mathrm{df}_{t-1}(k)$ 为 $t-1$ 时刻包含特征 k 的新闻报道数，$\mathrm{df}_{C_t}(k)$ 为 t 时刻新增的包含特征 k 的新闻报道数，$\mathrm{df}_0(k)$ 表示初始的文档频度，该值由训练集产生(有可能为 0)。增量式 TF-IDF 随着时间的推移会发现新的术语，而且这些术语的权重依据增量式报道集合计算，体现了动态性，更符合实际情况。则 t 时刻特征 k 在报道 d 中的权重为：

$$w_t(d,k)=\frac{1}{z_t(d)}\times f(d,k)\times\log\frac{N_t}{\mathrm{df}_t(k)} \tag{4-13}$$

$$Z_t(d)=\sum_k f(d,k)\times\log\frac{N_t}{\mathrm{df}_t(k)} \tag{4-14}$$

观察以上公式可以发现，ITF-IDF 特征提取方法主要考虑了随着时间变化特征频度的变化引起权重更新。

4.1.3　基于聚类和时间因素的话题特征选择

基本互信息计算方法偏爱独特特征，即在较少类中出现的特征其互信息值较高，即使该特征的频度很低，而对于在多个类中均出现的特征，即使其特征频度较高，其互信息值依然很低。在特征选择中，高频信息的作用是不容忽视的，为此文献[104]在聚类思想的基础上，融合类信息和高频词信息，提出新的互信息特征选择方法 CMI。表 4-1 给出了 4 个类别 C_1,C_2,C_3,C_4，假定四个类别涉及 4 个特征 k_1,k_2,k_3,k_4，详细信息如表 4-1 所示，表中数字表示词频。

依据式(4-10)，计算出初始互信息值 $\mathrm{BMI}(C_1,k_1)=1.0226$，$\mathrm{BMI}(C_1,k_2)=0.1645$，即高频词 k_2 的互信息远远低于频度仅为 1 的特征 k_1 的互信息，而 k_1 很可能是噪声数据。从理论上分析，$\mathrm{BMI}(C_1,k_1)$ 高的原因是：与 k_2 相比，k_1 的类辨别能力更强，其仅在类别 C_1,C_4 中出现，而 k_2 在四个类别中均出现了，即互信息过分强调类信息而忽略了高频词的重要性。在话题识别与追踪领域，具有相同高频特征的新闻报道往往属于同一个话题，所以可将其先聚为一类，然后再计算特征的互信息，依据这个思想，表 4-1 变化为表 4-2。

表 4-1　特征分布情况

类别＼特征	k_1	k_2	k_3	k_4
C_1	1	8	3	4
C_2	0	8	6	3
C_3	0	10	4	2
C_4	1	3	7	5

表 4-2　聚类后的特征分布情况

类别＼术语	k_1	k_2	k_3	k_4
C'_1	1	26	13	9
C_4	1	3	7	5

表 4-2 中特征k_1，k_2与重组后类别C'_1的互信息分别为$\mathrm{BMI}'(C'_1,k_1)=-0.5924$，$\mathrm{BMI}'(C'_1,k_2)=0.2505$，很明显特征$k_1$和类别$C'_1$负相关，其互信息值明显低于高频词$k_2$的互信息。即经过聚类处理，使得高频词成为大类中有用的词汇。

结合上例，文献[104]给出了基于聚类的互信息计算 CMI，假设有类$C_1,C_2,\cdots,C_m$，其计算步骤如下：

Step 1. 采用式(4-10)计算出每个特征k_i的基本互信息$\mathrm{BMI}(C_i,k_j)$。

Step 2. 确定高频词，如果类C_i中特征k_r的词频大于 10，则将其定为高频词(阈值 10 为暂定值，其值的确定和新闻语料的性质有关，例如报道的长短)。

Step 3. 高频词聚类，如果高频词k_r在多于一个类中出现，且在其他类中也为高频词，则将这些类聚为一大类。例如，假设特征k_r在类C_k、C_j中也出现，且在其中的频度均大于 10，则将C_i、C_k和C_j聚为大类C'_i。在基于高频词聚类过程中，类C_i中不一定只有k_r一个高频词，也可能有其他高频词，这时将涉及应将C_i聚到哪一个大类，本章提出的聚类方法允许一个子类可以归到多个大类中。

Step 4. 仍采用式(4-10)计算聚类后特征的互信息值$\mathrm{BMI}'(C'_i,k_j)$，因为此时的类已不再是$C_1,C_2,\cdots,C_m$，故$\mathrm{BMI}'(C'_i,k_j)\neq\mathrm{BMI}(C_i,k_j)$。

以上计算结果中的$\mathrm{BMI}(C_i,k_j)$考虑了类信息，$\mathrm{BMI}'(C'_i,k_j)$考虑了高频词信息，为避免基本互信息方法的缺点，给出如下互信息计算方法：

$$\mathrm{CMI}(C_i,k_j)=\alpha\mathrm{BMI}'(C'_i,k_j)+(1-\alpha)\mathrm{BMI}(C_i,k_j) \tag{4-15}$$

其中，$\alpha\in(0,1)$为调整因子，用于调整高频信息和类信息对最终互信息值的贡献度。

随着时间的推移，新闻话题将不断融入新的信息，某些特征可能多次重复出现，某些特征可能再也没有出现，若始终保持特征的互信息不变，显然不合理。理论上，新闻话题 t_s 已经选择的特征 k_i 如果在新的相关报道中再次出现，则互信息值应该提高，这里采用最简单的线性提高策略，即：

$$\mathrm{DCMI}(t_s,k_i)=\mathrm{CMI}(t_s,k_i)+\Delta w \tag{4-16}$$

其中，$\mathrm{DCMI}(t_s,k_i)$ 表示更新后的互信息，$\mathrm{CMI}(t_s,k_i)$ 表示更新之前的最近互信息，Δw 表示提高因子。相关报道 s_n 和话题 t_s 的发生时间距离越近，则新报道中的特征对话题的描述性越强（权重越大），即时间距离 $\Delta\mathrm{time}_i$ 反比影响互信息的调整，式(4-17)中采用指数衰减体现二者的关系。此外，仅采用时间因素动态调整互信息尚有不足，假设属于不同新闻报道的两个特征 $k_m(k_m\in s_m)$，$k_r(k_r\in s_r)$ 的时间距离相同，特征所属报道和话题的相似度不同，这种情况下，若仅采用时间距离调整 k_m 和 k_r 的互信息值，则二者的调整值相同，但是，从理论上说，如果 $\mathrm{Sim}(t_s,s_m)>\mathrm{Sim}(t_s,s_r)$，则特征 k_m 的提高幅度应大于特征 k_r，故将话题和报道的相关度 $\mathrm{Sim}(t_s,s_n)$ 作为动态调整互信息的另一个影响因素，综上，式(4-16)可修改为：

$$\mathrm{DCMI}(t_s,k_i)=\mathrm{CMI}(t_s,k_i)+\varepsilon_1\exp(-\Delta\mathrm{time}_i)+\varepsilon_2\mathrm{Sim}(t_s,s_n) \tag{4-17}$$

其中，$\varepsilon_1,\varepsilon_2$ 是可调整因子，用于调整两个影响因素对最终动态互信息 $\mathrm{DCMI}(t_s,k_i)$ 的贡献，$\Delta\mathrm{time}_i=\mathrm{time}_{\mathrm{new}}-\mathrm{time}_{\mathrm{nearest}}$，其中 $\mathrm{time}_{\mathrm{new}}$ 表示包含特征 k_i 的当前报道发生时间，$\mathrm{time}_{\mathrm{nearest}}$ 表示距离当前时间最近的包含特征 k_i 的报道发生时间。

4.2　上下文信息

在语言学中，将上下文定义为语意、语境。所谓语意是指句子表达的意思，语意分析技术是指从一句话、一段话、甚至一篇文章中抽取出其表示的意思，该技术是自然语言处理中的关键技术之一，是让计算机理解人要表达的意思的关键；语境是语言表达的具体环境，同样一句话在不同的语言环境下其含义有本质区别，例如如果一篇文章介绍的均是水果、农产品，此时提到的“苹果”应该是水果，如果一篇文章介绍的是电子产品，此时提到的“苹果”应该是电脑、平板、手机等。标准不同，语境的分类不同，目前认可度比较高的是两种分类方法，分别是：情景语境和文化语境、语言语境和社会语境。

在实际文档中，同样一个词语当位于不同的上下文环境时（语境），其表达的意思也有所不同，甚至差异很大，例如“人们/发现/这座山/下面/有/金子”与“小花/有/一颗/金子/般/的/心”两句中的“金子”，很显然是不同的意思。如果采用传统的仅依据词语的语义扩展（同义词、本体词、相关词等），并不能区分出二者的不同，故基于上下文信息实现语义处理具有不可替代的价值。图 4-2 为在知网中输入“上下文”搜索到的主题相关文献，总量为 82518 篇，观察该图可以发现，该研究分支的热度趋势逐年递增，呈明显上升趋势。

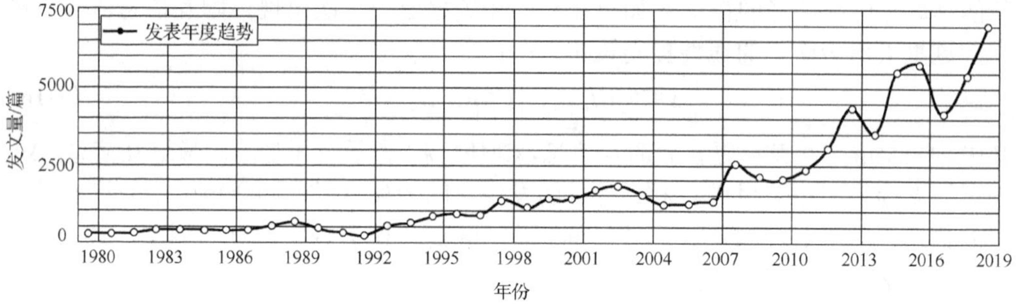

图 4-2 “上下文”主题相关文献统计图

词语的上下文(context)是词语在实际应用中的语言环境，它在自然语言处理中的价值主要体现在两个方面[105]：一方面，上下文本身就是知识，故上下文是知识获取的来源；另一方面，在自然语言处理过程中，上下文是解决问题所需信息和资源的重要提供者。

上下文的选取一般基于核心词前后一定范围内，这个范围被称为窗口。上下文选取的关键是窗口尺寸的确定，文献[105]指出，窗口尺寸的确定，需要基于以下三条标准：一是信息量足够大，二噪声足够小，三是有利于提高时间、空间效率。本章提出的基于上下文信息的特征选择也涉及窗口尺寸的确定，我们采用实证方法获得尺寸为多少时最为合理。

随着上下文信息的重要性被认可，其已被成功应用于多个领域，除传统的词义消歧、词的逻辑聚类和词语搭配外，目前和深度学习结合，已经广泛应用到多个领域，表 4-3 给出了“上下文”相关文献主题排名前 10 的应用领域分布及相应占比，可以发现“上下文信息”在自然语言处理、推荐系统、图像检索中的应用已经得到广泛关注。话题识别与追踪属于典型的自然语言处理技术的应用，故理论上将其应用于话题特征选择可以更加有效地实现数据预处理。

表 4-3 “上下文”主题相关文献主题分布及占比

主题排名	主题名	占比/%
1	上下文信息	28.80
2	上下文感知	15.25
3	普适计算	9.42
4	形状上下文	8.89
5	推荐系统	7.29
6	Web	7.21

续表

主题排名	主题名	占比/%
7	深度学习	6.34
8	推荐算法	6.03
9	自然语言处理	5.63
10	上下文相关	5.63

4.3　融合上下文信息的话题字典生成

构造有判别力的字典对于准确表示话题有着非常重要的意义，不同于文本分类，话题的数量(即类别)是随着时间的变化而变化的，有判别力的词随着时间的变化也在不断变化。结合话题的动态变化特点，本章提出了一种动态的话题字典生成方式。任意话题 t_i 在 j 时刻的有判别力字典用 W_{ij} 来表示，其中 $1 \leqslant i \leqslant L_j$， L_j 为 j 时刻的话题数量。每类话题选择有判别力的词用于构建本话题的话题字典。

互信息通常被用来计算变量之间的依赖关系，变量之间的互信息值越高，变量之间的依赖性越强。为了选择出不同话题的有判别力词，我们首先用话题与词之间的互信息来衡量不同词在话题中的重要性，计算方法采用式(4-10)计算，此时的类别 C 表示不同的话题。计算出每个话题与属于该话题的所有词的互信息后，我们将按照互信息值从大到小的顺序对这些词进行排序，排序越靠前，互信息值越大，算法认为每个话题中最靠前的一些词为有判别力的词。据此，可将话题初始字典的构建转变为如下问题：应该从每个话题中选择前多少个词构成有判别力词字典？

为了获得每个话题中有判别力词的数量，算法主要考虑了如下三个方面：①不同话题的有判别力的词不相似。由于有判别力的词能够代表本话题的内容，其本质是希望不同话题的内容不相同。②同一话题中，用有判别力词字典构造的话题表示与用全局字典构造的话题表示相似。这样能够保证构造的话题表示尽可能地保持话题原意。③同一话题有判别力词之间的词序关系相似。同一话题的有判别力词在属于当前话题的不同新闻报道中出现顺序相对固定，不同话题间有判别力词的上下文不固定。

对于某话题 t_i，在 j 时刻有判别力词字典可表示为 $\mathrm{td}_{ij} = \{k_1', k_2', \cdots, k_m'\}$，如果某个词语 $w_i \in \mathrm{td}_{ij}$，则在 td_{ij} 中词语 w_i 的出现次数 k_i' 为该词语在话题 t_i 全局字典中的出现次数 k_i，即 $k_i' = k_i$，否则 $k_i' = 0$。基于有判别力词上下文关系的话题内容用 to 表示，其主要考虑的是报道表示的上下文特征关系。在一个话题的报道中，每次出现一个有判别力的词 w_l，则 td 中 k_l 增加 1，与此不同的是，在 to 中，我们不仅考虑 w_l 的出现次数，还考虑了报道中与 w_l 最近的有判别力的上下文信息。假设报道中有判别

力词 w_l 的上下文中，与其最近邻的 N 个有判别力词为 $w_p, w_q, \cdots, w_r$，则在 to 中，这些有判别力词的出现次数也相应增加 1。

图 4-3 展示了有判别力词的话题表示与基于有判别力词上下文的话题表示的区别。在图 4-3(a)中，当话题的报道中出现了词 w_j，则 w_j 出现的次数加 1，在图 4-3(b)中，当 $N=2$ 时，w_j 的最近的两个有判别力的词为 w_i 和 w_k，如果这两个词也出现，则这三个词的出现次数都加 1。

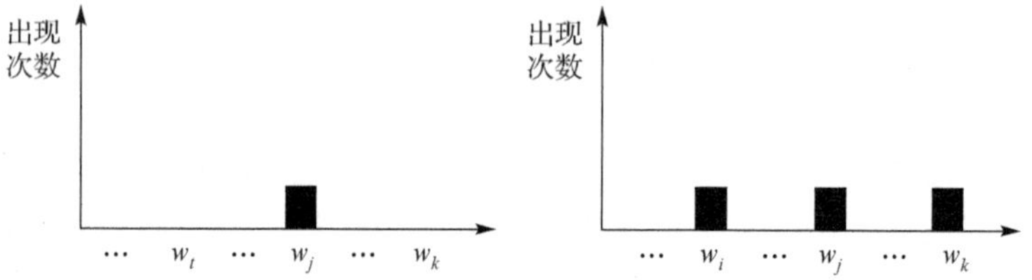

(a) 基于有判别力词的话题表示　　(b) 基于有判别力词上下文的话题表示

图 4-3　是否考虑上下文信息的话题表示比较

算法认为话题 t_i 中最有判别力的词即为与话题的互信息最大的前 n_i 个词。为了获取不同话题的有判别力词，我们构造了如下目标函数：

$$\min_{\text{s.t.} 1 \leqslant n_i \leqslant m} \left(\sum_{i=1}^{L-1} \sum_{j>1}^{L} \text{Sim}(\text{td}_{i,n_i}, \text{td}_{j,n_j}) - \sum_{i=1}^{L} \text{Sim}(t_i, \text{td}_{i,n_i}) + \sum_{i=1}^{L-1} \sum_{j>1}^{L} \text{Sim}(\text{to}_{i,n_i}, \text{to}_{j,n_j}) \right) \tag{4-18}$$

$\text{Sim}(\cdot,\cdot)$ 代表话题表示之间的相似度，L 代表话题数量。目标函数的第一项用于衡量不同话题之间有判别力词字典的表示，目标函数希望不同话题表示的相似度尽可能小。第二项用于衡量相同话题的全局表示和有判别力词字典表示的相似度，目标函数希望有判别力的话题表示能够尽可能保持与原话题相似，用以减少特征损失。第三项用于衡量不同话题的有判别力词上下文关系的相似度，目标函数希望不同话题用有判别力词上下文关系生成的话题表示内容不相似。上式实际上是求解多变量 $n_i (1 \leqslant n_i \leqslant m)$ 使得式(4-18)所示目标函数值最小，该函数可通过坐标下降法对其求解。

自 2010 年，Nesterov[106]成功地把坐标下降法应用于大规模数据最优化问题，坐标下降法得到了广泛的关注和应用，主要用于解决多变量最优化问题，本书将其应用于求解多个话题变量的初始最优特征子集(初始话题字典)。

假定多变量 $n_i (1 \leqslant n_i \leqslant m)$ 组成向量 $\boldsymbol{X} = (n_1, n_2, \cdots, n_m)$，多变量向量 $\boldsymbol{X}$ 的求解为多目标求解，过程为：在第一轮循环中，先令分变量 n_1 作为变量，其他 $m-1$ 个变量 $(n_2, \cdots, n_m)$ 作为常量，求解 $\min(f(\boldsymbol{X}^{(1)}))$，进而得到变量 n_1 的取值 $\hat{n}_1$；然后采用相同的方法，依次分别对后面的分量 $n_2, \cdots, n_m$ 进行求解。在求解过程中，前面得到的估计值 $\hat{n}_i$；当作其所在坐标的变量取值，直到此轮循环结束。举例说明坐标下降法的实现过程，假设有五个变量 n_1, n_2, n_3, n_4, n_5，其最优化求解过程如表 4-4 所示。

表 4-4　坐标下降法求解过程(第一次循环)

变量	n_1	n_2	n_3	n_4	n_5
第一次循环求解过程	20	20	20	20	20
	10	20	20	20	20
	20	**25**	20	20	20
	20	20	**16**	20	20
	20	20	20	**11**	20
	20	20	20	20	**18**

首先采用随机函数，生成一个随机值 20 作为每个变量的初始值，然后将 n_1 视为变量，其他四个变量的取值均为 20，求解单变量取多少时，目标函数的值最小(即转化为单变量求解问题)，假设获得此时变量 n_1 的取值为 10($\hat{n}_1$)；然后将 n_2 视为变量，其他四个视为取值为 20 的常量，取得此时目标函数取值最小时变量 n_2 的取值，假设求得的值为 25；重复上述操作，直至获得每个变量的单变量最优值，分别为 10、25、16、11、18。至此，第一轮循环结束，第二轮循环的执行过程如表 4-5 所示。

表 4-5　坐标下降法求解过程(第二次循环)

变量	n_1	n_2	n_3	n_4	n_5
第二次循环求解过程	10	25	16	11	18
	…	25	16	11	18
	10	…	16	11	18
	10	25	…	11	18
	10	25	16	…	18
	10	25	16	11	…

观察表 4-5 可以发现，与表 4-4 不同，第一行的数字不是随机生成的常量值，而是第一轮循环结束后每个变量对应的 $\hat{n}_i$。第二轮循环重复第一轮循环的操作，获得此轮循环中每个变量的最优值(省略号所示)。

重复上述类似循环，直至满足阈值设置要求，实际实验中，很多时候，当循环执行到一定程度后每个变量的最优值不再变化，程序就可以结束。分析上述流程可以发现，坐标下降法的实现过程是一个双层循环，实现算法如下[106]：

输入：初始给定多变量组成的向量 $\boldsymbol{X}=(n_1,n_2,\cdots,n_m)$，算法迭代停止参数 θ，预设迭代停止轮次参数 k；

输出：目标函数 $f(\boldsymbol{X})$ 的最优点 $\boldsymbol{X}^*$ 及值 $f(\boldsymbol{X}^*)$；

Step1. 求解 $f(\boldsymbol{X})$，得到 $\boldsymbol{X}^{(1)}=(\hat{n}_1,n_2,\cdots,n_m)$；

Step2. 外循环 for $i=1$ to k；

Step3. 内循环 for $j=1$ to m；

Step4. 令 $\boldsymbol{X}^{(s)}=(\hat{n}_1^{(s)},\hat{n}_1^{(s)},\cdots,n_t^{(s)},n_t^{(s-1)},\cdots,n_m^{(s-1)})$，直到第 k 次迭代满足 $|f(\boldsymbol{X}^{(s)})-f(\boldsymbol{X}^{(s-1)})|<\theta$ 时，迭代停止；

Step5. 得到 $\boldsymbol{X}^*$ 及值 $f(\boldsymbol{X}^*)$，即变量 $n_1,n_2,\cdots,n_m$ 的最优解 $\hat{n}_1,\hat{n}_2,\cdots,\hat{n}_m$ 及阈值对应的目标函数的最优值 $f(\hat{n}_1,\hat{n}_2,\cdots,\hat{n}_m)$。

对于一个新报道 s，存在两种情况，即报道属于原有话题或者报道属于某个未知的新话题。为了解决这个问题，算法首先通过如下方式衡量报道 s 与话题 t_i 的相似性 std_i：

$$\mathrm{std}_i=\exp(-(\alpha\mathrm{Sim}(\mathrm{td}_i,\mathrm{td}(s))+(1-\alpha)\mathrm{Sim}(\mathrm{to}_i,\mathrm{to}(s)))) \tag{4-19}$$

将式(4-19)归一化后的相似度度量为：

$$\mathrm{nstd}_i=\frac{\mathrm{std}_i}{\sum_j \mathrm{std}_j} \tag{4-20}$$

式(4-19)中的相似度计算采用式(3-20)所示的基于信念的话题相似度计算方法完成。如果新报道 s 与最相似的话题的相似度大于预设阈值 λ，则报道属于与它相似度最大的话题，否则该报道属于一个新的话题。

此外，时序性是新闻话题的典型特征[37]，随着时间的推移话题将不断地更新，如果始终保持话题字典不变，显然不合理。为了动态选取出每个话题所对应的有判别力词，我们在上述研究的基础上，提出了增量式报道字典(incremental story dictionary，ISD)选择算法，步骤如下：

(1)对于当前所有话题，通过求解式(4-18)得到每个话题的初始有判别力词的规模。

(2)对于一个新的报道 s，通过式(4-20)判断报道所属的话题，如果报道属于旧话题，则把报道加入话题，返回上一步，如果报道属于新的话题，则增加新话题数量，返回上一步。

ISD 算法随着报道的不断增加，动态地改变了有判别力的词，因为有判别力词是随着每个新报道的出现而更新的。报道的大量出现必然导致更新频率过高，致使算法效率下降。为了提高算法效率，我们在 ISD 算法的基础上，提出了批量式报道字典(batch story dictionary, BSD)选择算法，步骤如下：

(1)对于当前时刻 c 的 L^c 个话题，通过求解式(4-18)得到每个话题的有判别力词。

(2)对于一组新报道 $S=\{s_1,s_2,\cdots,s_R\}$ 中的每个报道 s_i（$1\leqslant i\leqslant R$），通过式(4-20)判断报道所属的话题，如果报道属于旧话题，则把报道加入话题中；否则，将报道 s_i 放入集合 G 中。

(3)如果 G 为空，转步骤(1)；否则，计算 G 中每个报道 s_j 与所有话题的相似度，将其组成相似度向量 $\mathrm{Sim}_{s_j}=(s_{j_1},s_{j_2},\cdots,s_{j_{L^C}})$，然后采用层次聚类算法将 G 中的报道聚为 r 类，$L^{C+1}=L^C+r$。

4.4　实验与分析

实验部分采用 TDT 评测会议给出的测试集合和评价标准验证本章提出的话题字典生成算法的有效性，实验内容包括四项：①上下文信息中参数 N 的确定；②运用坐标下降法获得测试集合中每个话题的初始有判别力的词；③运用一个双层循环算法获得相似度阈值 λ；④采用基于信念网络的话题模型作为表示模型，验证 ISD 和 BSD 算法的时间消耗，以及 BSD 与 ITF-IDF 话题字典生成方法对系统追踪性能的影响。

1. 上下文关系中 N 的确定

在话题字典生成的过程中，本章给出的目标函数除了考虑直接获得的有判别力词 w_l 外，还考虑和其有上下文关系的 N 个近邻词。理论上，合适的 N 值是可以降低话题识别与追踪的误报率，但是如果 N 值过大，则会产生冗余信息，提高误报率。该项实验以信念网络话题模型作为表示模型，对 32 个标注的中文话题分别计算当 $1 \leqslant N \leqslant 20$ 时，话题追踪的误报率值，然后求均值，获得图 4-4 所示的实验结果，实验中的相似度阈值 λ 采用获得的阈值 0.47。从图 4-4 中可以看到，当 $N=6$ 时，误报率值为 0.0214，其值最低，故在后续实验中我们将考虑和当前有判别力词有上下文关系的 6 个近邻词。

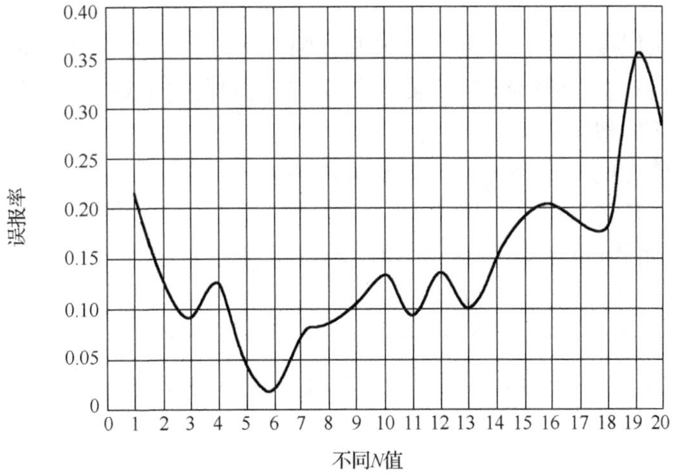

图 4-4　不同 N 值对应的误报率

2. 初始话题字典的生成

式(4-18)给出了求解 L 个话题初始字典规模的目标函数，该函数可采用上述的坐标

下降法求解，TDT 语料中可用的话题数量 L 取值为 32。在上述算法中预设参数 φ 的值为 0.01，当外循环执行到第 12 次时，满足 $|F(\boldsymbol{T}_{\mathrm{Dic}}{}^{(12)})-F(\boldsymbol{T}_{\mathrm{Dic}}{}^{(11)})|<0.01$，获得 TDT 语料中已经标注的 32 个中文话题的初始话题字典规模，如表 4-6 所示。知道了规模的大小，很容易建立话题的初始字典，例如，表中 41022 话题的规模为 37，则将 41002 话题中的所有特征互信息值降序排序，取互信息值较大的前 37 个特征表示该话题即可。

随着话题的不断发展，新的新闻报道将加入到初始话题，而且话题的数量也会增加，在话题识别与追踪的过程中，我们将运用文章提出的 BSD 算法反复使用上述的坐标下降法不断更新话题字典，以提高话题识别与追踪系统的综合性能。

表 4-6　初始话题字典规模

编号	规模	编号	规模	编号	规模	编号	规模
41002	34	41013	65	41023	54	41033	61
41004	43	41015	57	41024	70	41034	52
41005	51	41016	63	41025	57	41035	69
41008	62	41018	42	41026	79	41036	74
41009	39	41019	52	41027	36	41037	45
41010	71	41020	63	41028	53	41038	39
41011	42	41021	34	41031	61	41039	51
41012	54	41022	37	41032	76	41040	46

3. 阈值 λ 的获得

阈值 λ 为相似度阈值，如果其值过高，则会降低误报率，同时漏报率也会增加；如果值过低则会提高误报率。针对测试集合中已经标注的 32 个中文话题，我们采用如下算法获得 λ 的较优值。

输入：阈值 λ 的范围为[0,1]，增长幅度为 r；

输出：λ 的较优取值；

Step 1. 外循环：for λ_i=0.01 to 1.0，$\lambda_{i+1}=\lambda_i+0.01$；

Step 2. 内循环：for j=1 to 32；

Step 3. 计算阈值为 λ_i 时，32 个中文话题的平均错误识别代价 $\mathrm{Average}_{\lambda_i}((C_{\mathrm{det}})_{\mathrm{norm}})$；

Step 4. for λ_i=0.01 to 1.0，$\lambda_{i+1}=\lambda_i+0.01$，获得 $\mathrm{Min}(\mathrm{Average}_{\lambda_i}((C_{\mathrm{det}})_{\mathrm{norm}}))$，此时的 λ_i 即为 λ 的较优取值。

实验运行结果显示相似度阈值 λ 的较优取值为 0.47。如果想获得更为精确的阈值，可调整增长幅度 r 的值。

4. 性能比较

本章提出了两个话题字典生成算法：增量式报道字典(ISD)和批量式报道字典

(BSD)。在 ISD 算法中，报道的大量出现必然导致话题字典中有判别力词的更新频率过高，致使算法效率下降。为了提高算法效率，提出了批量话题字典生成算法 BSD，该算法不是来一个报道处理一次，而是批量处理，所以从理论上，其时间消耗应低于 ISD 算法。该项实验首先验证 ISD 和 BSD 算法中字典生成的时间消耗，然后以信念网络话题模型作为表示模型，比较 ISD、BSD 和增量式 TF-IDF 方法的追踪性能。

TDT4 中文测试集合已经给出了每个中文话题相关和不相关的新闻报道，我们首先将这些报道按照时间顺序排序，然后分别采用 ISD 算法和 BSD 算法计算每个话题字典(32 个已经标注的中文话题)生成的时间消耗，最后求平均，比较二者的时间消耗均值。其中，在 BSD 算法中我们批量处理的 R 值暂定为 20，图 4-5 为实验结果，从图中可以看出 BSD 算法的时间消耗均值明显低于 ISD 算法，即 BSD 算法的效率较高。

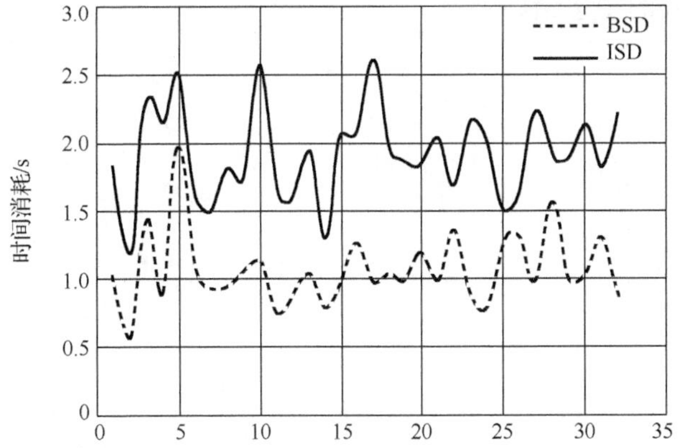

图 4-5　ISD 和 BSD 时间消耗比较

以 BDTM-Ⅱ作为表示模型，计算三种话题字典生成算法在 12 个不同阈值下的 P_{miss} 和 P_{fa}，并运用公式计算 12 个阈值下的 $(C_{det})_{norm}$，其中最小的 $(C_{det})_{norm}$ 即为 optimal($(C_{det})_{norm}$)，结果如表 4-7 所示。依据 TDT 评测会议给出的评测标准，$(C_{det})_{norm}$ 值越小，性能越好，从表 4-7 可以看出 BSD 算法的最优性能较好，虽然 BSD 算法最优性能值略低于 ISD 算法，但是其间消耗明显低于 ISD 算法。

表 4-7　BSD 和 ISD 算法最优性能比较

	P_{miss}	P_{false}	Optimal($(C_{det})_{norm}$)
BSD	0.06320	0.02810	0.20089
ISD	0.05102	0.03071	0.20149
ITF-IDF	0.07235	0.03872	0.26208

4.5　本章小结

从话题中选择有判别力的词来构建话题字典，可以提高话题识别与追踪的性能。考虑到词语的上下文关系能够为话题表达提供更准确的含义，算法在特征选择的过程中不但考虑了不同话题之间内容的差异性，同时也考虑了有判别力的词在报道中出现的上下文关系，据此给出了确定初始话题规模的目标函数。新闻话题随着时间的推移不断更新，其表示字典如果始终不变，势必影响系统的综合性能，为解决该问题，本章给出了有判别力词的话题字典动态更新算法 ISD 和 BSD。在未来的研究中，我们将进行以下工作：①除了上下文可以更准确地表示话题的含义外，语义信息也很重要，在未来的研究中我们将尝试深入挖掘语义信息，提高话题表示的准确性；②对新闻报道进行深入分析，获取其他特征，并将其和本章应用的特征进行融合，建立更为有效的动态话题字典。

第 5 章　融合时序性和波动性的热点话题发现

随着计算机网络的发展，出现了不同形式的网络平台，使得信息以爆炸式涌现，这些信息的价值密度较低，如何从这些信息中准确地提取有用的信息，如何发现网络中的热点话题，并对其发展趋势进行预测、引导和控制显得尤为重要。热点话题发现属于话题发现的研究范畴，区别就在于“热”字。在实际应用中，热点话题发现的重要性高于一般话题发现。热点话题一般会在短时间内引起广泛关注，得到快速传播，故对热点话题的早期发现在舆情监控研究中具有重要的意义。

5.1　热点话题发现研究的意义

热点话题的发现研究可为相关单位及时提供有效的网络舆情信息、舆情监控及竞争情报，具有很好的理论价值和应用价值。

对用户而言，热点话题发现能帮助用户及时、方便地获取当前较为重要的热点信息；对企业而言，热点话题发现可以帮助企业较为快速地了解领域发展态势，提高企业的竞争力；对国家而言，可以帮助政府了解当前的热点问题和舆论导向。热点话题发现研究最早起源于 TDT 领域[107]，随着各种社交媒体、网络平台的出现，出现了 BBS 平台中热点话题发现、微博中热点话题发现等方向。上述热点话题发现研究虽然针对内容不同，但本质是相同的，都是如何在不同网络平台中及时发现热点话题。

话题是人们讨论、谈话的中心，在不同的网络媒体中，网民经常会针对某些事情、观点展开热烈的讨论，当参与人数达到一定规模，传播速率、传播范围达到一定阈值时，该话题将被视为热点话题。文献[108]将热点话题定义为：一定时期内被多个新闻源同时报道的话题。从社会学角度来看，热点话题的产生与群体行为的选择、社会大众的关注密切相关[109]。

5.2　代表性热点话题发现研究

当前主流的热点话题发现方法是 CHI 检验方法[110]，该方法考虑到热词可直接体现话题的热度，所以从提取热词的角度展开热点话题的研究，其缺点是没有考虑时间因素对话题热度的影响。据此，陈羽中等[111]在考虑时间因素的基础上，提出了基于老化理论和词生命值的话题热度计算方法，该方法虽然考虑了时间信息，但是并没有将其量化，时间信息的量化可以更为准确地度量其对话题热度的影响。饶洁等[112]采用粒子群算法进行迭代，把迭代过程中该话题的最高影响力作为最终影响力，然后根据阈值比较，判断该话题是否为热点话题。针对电商平台中的热点话题问题，伍万坤等[113]提出了一种基于 LDA 理论的热点话题挖掘模型，该模型包括两个子模型：ET-LDA 和 IT-LDA。

图 5-1 为从知网查询的和“热点话题”相关的研究成果中，相关度排序前 100 名的文献引文关系图。观察图 5-1 可以发现，该领域的研究成果的引文关系比较紧密，本章将图 5-1 中权威节点(被引用次数、被下载次数较多的节点)作为代表性成果，做简单介绍，目的是让读者对该领域的研究成果有一个较为全面的认识，并为本章将要提出的热点话题发现算法做知识铺垫。

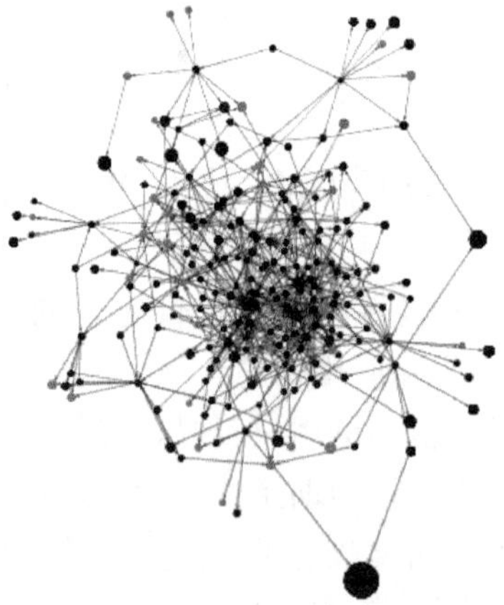

图 5-1 “热点话题”相关文献引文关系图

表 5-1 列出了“热点话题”相关文献中的具有代表性的节点的相关信息，包括文献名、来源、出版年份、下载次数以及被引用次数。

表 5-1 “热点话题”相关代表文献信息

编号	题目	来源	年份	下载次数	被引次数
1	网络热点话题自动发现技术[114]	华中师范大学	2008	1422	52
2	基于多中心模型网络的热点话题发现算法[115]	南京理工大学学报(自然科学版)	2009	780	49
3	面向网络舆情监控的热点话题发现技术研究[116]	国防科技大学	2010	1936	46
4	微博客热点话题发现策略研究[117]	浙江大学	2011	2667	106
5	一种突发性热点话题在线发现与跟踪方法[110]	西安交通大学学报	2011	619	35

1. 融合媒体关注度和用户关注度的热点话题发现

文献[114]较为系统地分析了热点话题的特征，并对其进行了量化，然后依据量化的特征指标分别给出了媒体关注度和用户关注度的计算公式，最后将二者融合，给出了话题热度计算公式。热点话题的特征包括：

1) 话题的报道频率

在新闻网站上，一篇新闻报道的核心内容一般是关于一个话题的，如果一个话题比较重要，那么关于这个话题的报道数量也会增加。话题的报道频率越高，表明话题的重要程度越大，受到大众的关注度也越高。故报道频率可以反映一个话题受关注的程度，后续公式中用变量 sf 表示话题在一个时间单元内的报道频率。

2) 话题的分布率

话题的分布率是指单位时间内一个话题的报道数量占这段时间内总报道数量的比值。如果一个门户网站一段时间内发布的新闻集中于某一个话题的分布率越高，则该话题受关注的程度越大。

3) 话题的时间属性

每个话题在具备上述两个属性的同时，也具有显著的时间特性。话题的发展趋势图上的起点、终点和时间段构成了话题的时间属性，也就是某个话题的相关报道的时间背景。一个话题被报道的时间越长，说明该话题被关注的时间越长，后续公式中用变量 rd 表示话题在一个时间单元内的报道天数。

4) 话题的阅读人数

在一段时间内阅读某个话题的人数越多，说明该话题受到人们的关注度越大。因为报道来自网络站点，所以可以用人们打开话题的相关报道的人数，即点击数来表示话题的阅读人数。后续公式中用变量 cn 表示话题在一个时间单元内的点击数。

5) 话题的评论人数

在一段时间内人们对某个话题评论越多，说明该话题受到人们的关注度越高。这里用人们对话题的相关报道的回帖数量表示话题的评论人数。后续公式中用变量 dn 表示话题在一个时间单元内的评论数量。

话题的关注度可以分为媒体关注度和用户关注度，文献[114]将变量 sf 和 rd 设为与媒体关注度有关，将变量 cn 和 dn 设为与用户关注度有关。由于 sf 和 rd 都和媒体的关注度成正比，并且话题的关注度和分布率成正比，故文献[114]给出如下媒体关注度计算公式：

$$\sum_{i=1}^{n}\left(\frac{sf_i}{D_i}\times 10+\frac{rd_i}{\psi}\right) \tag{5-1}$$

其中，n 表示时间单元个数，sf_i 表示在时间单元 i 内，与话题相关的新闻报道的报道频率，D_i 表示时间单元 i 内的报道总数，rd_i 表示话题在时间单元 i 内被报道的天数，ψ 是一个时间单元的长度。考虑到即使是热点话题 $\frac{sf_i}{D_i}$ 的值也不会超过 0.1，而 $\frac{rd_i}{\psi}$ 的值一般大于 0.1，为了平衡二者的贡献度，将第一个因子乘以 10。

考虑到最后要将用户关注度和媒体关注度融合，而一般情况下 cn 和 dn 的值比较大，为了合理地融合，用户关注度采用对数函数结合动态调整因子的方法计算：

$$\sum_{i=1}^{n}(\log_{cn_i+dn_i+\lambda}(cn_i+dn_i)) \tag{5-2}$$

其中，cn_i 是时间单元 i 中此话题的点击数量，dn_i 是在时间单元 i 中此话题的评论数量，λ 为动态调整因子。综合式(5-1)和式(5-2)，给出话题关注度(即话题热度)计算公式：

$$\sum_{i=1}^{n}\left(\left(\frac{sf_i}{D_i}\times 10+\frac{rd_i}{\psi}\right)+\chi\log_{cn_i+dn_i+\lambda}(cn_i+dn_i)\right) \tag{5-3}$$

依据式(5-3)可以计算出不同话题的热度值，根据阈值比较可以判断该话题是否为热点话题，如果热度值大于预定的阈值，则认为该话题为热点话题。

文献[116]认为上述公式中的关注度计算中，参数的选取具有明显的随意性，为了消除这种随意性对媒体关注度度量的影响，对式(5-1)做出了如下修订：

$$\frac{rn}{\mathrm{RN}/N}+\frac{rd}{\left(\sum_{i=0}^{N}rd_i\right)/N} \tag{5-4}$$

其中，rn 是话题在某段时间内相关报道的报道数量，RN 是这段时间内所有报道的总数，N 是这段时间内的话题总数，前一个分式的比值反映的正是相对的话题报道频率。rd 是话题在这段时间内的报道天数，$\sum_{i=0}^{N}rd_i$ 是所有话题的报道天数的和，后一个分式衡量的是话题报道天数的相对比值。

另外，理论上，用户的一次点击浏览和一次评论显然不能视为同样的关注程度，为了区分这种不同，文献[116]在用户关注度公式中为评论添加了 5 倍系数对式(5-2)做出修订，即：

$$\sum_{i=1}^{n}(\log_{5cn_i+dn_i+\lambda}(5cn_i+dn_i)) \tag{5-5}$$

综合式(5-4)和式(5-5)，文献[116]给出如式(5-6)所示的话题热度计算方法：

$$\frac{rn}{\mathrm{RN}/N}+\frac{rd}{\left(\sum_{i=0}^{N}rd_i\right)/N}+\chi\sum_{i=1}^{n}(\log_{5cn_i+dn_i+\lambda}(5cn_i+dn_i)) \tag{5-6}$$

2. 基于多中心模型的热点话题发现

文献[115]指出，在网络平台中，新闻报道一般包括核心和引申两部分内容。其中，核心内容是网民直接发表的信息，引申内容为围绕核心内容发表的其他相关信息。核心内容是判断一则新闻报道属于哪个话题的关键，故文献[115]将核心内容定义为话题的中心。如果话题是单中心话题，即仅包括一个核心内容，则可能会忽略话题的有效演化，进而提高热点话题发现的漏报率，为解决该问题，提出了话题多中心模型。在话题多中心模型中，第一个话题中心称为初始中心，随着话题发展捕捉到的话题中心为延伸中心。基于上述理论，文献[115]最终给出了多中心话题的建立过程及基于多中心的热点话题发现算法。

基于多中心模型的热点话题发现算法如下：

输入： 从网络中获取的报道信息；相似度阈值 α；中心阈值 β；新中心阈值 γ。

输出： 当前收集到的报道中的热点话题(表示为若干中心的集合)。

Step 1. 将第一篇报道作为某一话题的初始中心；

Step 2. 对后续收集到的报道 E 做如下处理：

Step 3. 将 E 与当前所有中心进行相似度计算，得到值 R；

Step 4. 如果 $R>\alpha$，则将 E 并入该话题的属于某一中心的报道的集合；

Step 5. 如果 $\beta<R<\alpha$，则将该报道作为该话题的另一个中心；

Step 6. 如果 $R<\gamma$，则将该话题作为另一个话题的初始中心；

Step 7. 等待下一篇报道，返回步骤 2。

3. 基于语义分析的迭代热点话题发现

文献[117]从影响力的角度度量话题的热度，首先给出单条微博的影响力，进而给出由多条微博组成的话题的影响力，并将其和语义信息结合，给出热点话题发现算法。

设某条微博 b 和该条微博的发布者 u，将当前关注用户 u 的人数 $|u_{\text{followed}}|$ 视为微博 b 的直接影响力 $\text{Inf}_{b,u}$，即：

$$\text{Inf}_{b,u}=|u_{\text{followed}}| \tag{5-7}$$

上式给出的单条微博的影响力是一个不涉及时间的静态定义，随着时间的推移，用户对一条微博的关注会由于其他因素发生转移，故需要将时间因素的影响考虑进来，修订式(5-7)，即在 t 时刻的单条微博影响力计算公式为：

$$\text{Inf}_{b,u}(t)=-d(t-t_0)^2+|u_{\text{followed}}| \tag{5-8}$$

t_0 为微博的发布时间，d 为影响力衰减系数。

给定一个时间段 Δt，依据话题 T 和该话题在 Δt 时间段内新增的微博条数 $b_1,b_2,\cdots,b_n$，话题 T 的影响力 ΔInf_T 为：

$$\Delta\mathrm{Inf}_T = \sum_{i=1}^{n} \mathrm{Inf}_{b_i} \tag{5-9}$$

话题 T 的热度 H_T 为话题从开始的时间到当前的影响力变化之和，即：

$$H_T = \sum \Delta\mathrm{Inf}_T \tag{5-10}$$

式(5-10)将话题的热度抽象为话题包含的微博条目对于微博用户的影响力的变化，要完成热度计算，一个重要的环节是计算微博条目和话题的相似度。为了体现语义信息，文献[117]使用语义分析将文本中的概念空间分离出来，通过比较词语在概念空间中的向量特征，将词语聚集成若干个讨论集合，而这些集合中包含的语义信息的中心即为要识别的热点话题。

在热点话题的发现算法中，以概念向量的集合为输入，输出一个预先设定大小的集合，预设属性参数分别为：WordList(排好的词语列表)、WordVectors(词语向量集合)、BarrierFactor(一个用来停止对话题表示词语集合进行扩展的规模阈值)、MaxDistance(判断两个词语属于同一话题的最大距离限制)。热点话题发现的算法描述如下：

```
    Procedure FindHottopics(List WordList, Map WordVectors,int 
BarrierFactor, int MaxDistance)
        topicSet := {}, usedWordTimsMap := {}
        foreach word in WordList
            WordCollection := {}
                find all words in WordList that each w satisfies
                    Dist(WordVectors[w], WordVectors[word])< MaxDis tan ce
                    and add w to
                    til WordCollection.size > BarrierFactor
                end
            add WordCollection to topicset
        endforeach
        return topicset
    end procedure
```

基于上述算法，文献[117]最终得到一个包含当前若干个影响力较大的话题集合，这个集合中的每个元素都是若干词语的集合，而这些词语的中心对应一个热点话题。对所有元素按照影响力排序，即可得到影响力最大的话题。

4. 基于 CHI 热词选择的热点话题发现

一般情况下，突发热点话题的出现往往伴随着一定量的突发热词，突发热词直接体现了突发热点话题的核心内容，故依据突发热词实现突发热点话题的识别从理论上是可行的。据此，文献[114]依据 CHI 方法[118]提取话题发展过程中的突发热词，提出考虑动态突发性的热点话题发现方法。

词语突发性的量化可参考文献[119]提出的方法展开。对于每个词语 w，可基于二项分布，构建出词语 w 和时间段 i 的相依表，如表 5-2 所示：

表 5-2　词语 w 与时间段 i 的相依表

	i	$\bar{i}$
w	A	B
$\bar{w}$	C	D

表 5-2 中的 A 表示时间段 i 内包含词语 w 的网络报道数，B 表示时间段 i 之前包含词语 w 的网络报道数，C 表示时间段 i 内不包含词语 w 的网络报道数，D 表示时间段 i 之前不包含词语 w 的网络报道数。依式(5-11)给出了词语 w 在时间段 i 内突发值 $b_i(w)$ 计算方法：

$$b_i(w)=\frac{(A+B+C+D)(AD-BC)^2}{(A+C)\times(B+D)\times(A+B)\times(C+D)} \tag{5-11}$$

计算完词语的突发值后，通过阈值比较选择时间段 i 的突发词，构成动态特征库。

通过分析突发性热点话题的特点，文献[114]将网络文本表示为如下向量形式(DB-VSM)：

$$\boldsymbol{d}=(w_1,v_1;w_2,v_2;\cdots;w_m,v_m) \tag{5-12}$$

假设依据式(5-11)的计算，已经获得时间段 i 内的特征库 F_i，$w_k\in\boldsymbol{d}(1\leqslant k\leqslant m)$ 且 $w_k\in F_i$，v_k 是特征 w_k 的权重，结合 TF-IDF 方法和式(5-11)给出的突发值计算方法，其计算方法如下所示：

$$v_k=\frac{f(w_k,\boldsymbol{d})\log\left(\dfrac{N_i+1}{f_i(w_k)}+0.5\right)+\beta b_i(w_k)}{\left(\sum\limits_{w'\in\boldsymbol{d}}\left(f(w',\boldsymbol{d})\log\left(\dfrac{N_i+1}{f_i(w')}+0.5\right)+\beta b_i(w')\right)^2\right)^{\frac{1}{2}}} \tag{5-13}$$

其中，$f(w,\boldsymbol{d})$ 表示特征 w 在文本 $\boldsymbol{d}$ 中的出现次数，$f_i(w_k)$ 表示特征 w_k 在时间段 i 内的出现次数，N_i 表示时间段 i 内出现的网络文本总数，β 为突发值的贡献度参数。经过上述处理后，通过融入突发性因子 $\beta b_i(w_k)$ 可以提高突发性热词的权重，提高热点话题发现的准确率。

话题 T 由多个网络文本表示，即话题是文本的集合，表示为：

$$T=\{d_1,d_2,\cdots,d_n\} \tag{5-14}$$

话题的核心向量通过式(5-13)的权重排序获得，最终话题 T 可表示为如下向量的形式：

$$\boldsymbol{T}'=(w_{T'1},v_{T'1};w_{T'2},v_{T'2};\cdots;w_{T'm},v_{T'm}) \tag{5-15}$$

$w_{T'l}(1\leqslant l\leqslant n)$ 为话题 T 中的核心特征，$v_{T'l}$ 为该特征的权重，计算方法如下所示：

$$v_{T'l}=\frac{\sum_{d_k\in T} f(w_l,d_k)}{\sqrt{\sum_{w\in T'}\left(\sum_{d_k\in T} f(w,d_k)\right)^2}} \tag{5-16}$$

式(5-13)和式(5-16)体现了双层特征选择(单个网络文本中的特征选择，由多个文本组成的话题的特征选择)得到动态特征库的思想，可以较好地体现网络文本的突发性，体现热点话题的典型特征。

基于上述思想，文献 [114]结合 FDBSCAN[120]方法，通过话题相似度和聚类实现对热点话题的发现和追踪。实现流程如图 5-2 所示。

上述关于热点话题发现的相关研究主要从话题的关注度、影响力、热词方向展开。上述研究虽然取得了一定的成果，但在考虑新闻话题的时序性时，均没有将时间信息量化。此外，虽然文献[114]从多维度对热点话题的特征进行了分析，但是忽略了新闻话题非常重要的一个特点——波动性。通过分析、观察热点话题的发展趋势图，可以发现热点话题的波动性和普通话题的波动性有明显区别：话题越热，其波动曲线的峰值则越高。

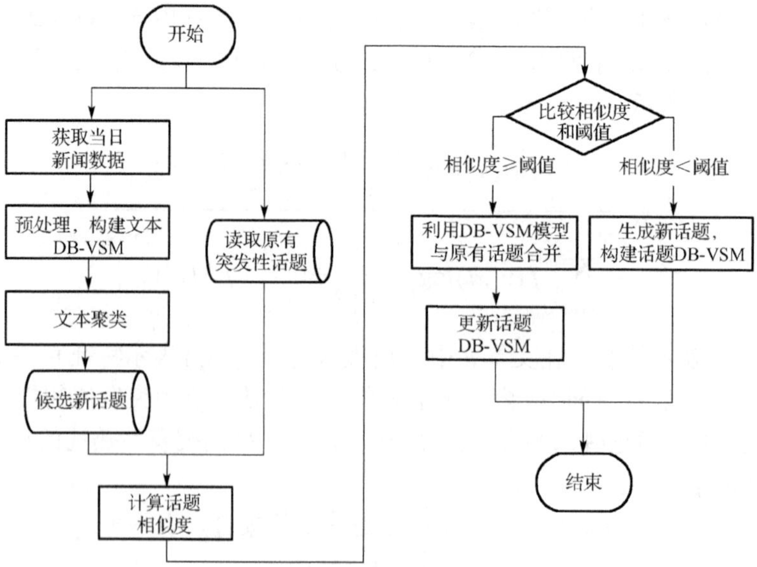

图 5-2　突发热点话题的发现及追踪流程

综上所述，本章尝试从时序性和波动性入手，提出新的热点话题发现算法，创新点包括：①新闻话题的波动性和时序性量化；②提出融合时序性和波动性的热点话题发现算法。

5.3　新闻话题的时序性和波动性简述

新闻话题的主要特点包括时序性、波动性和层次性[121,122]。新闻话题不同于普通文本，基本要素之一就是话题的发生时间，故不同话题或者同一话题的不同报道具有时序性，对话题识别与追踪的扩展研究多围绕时序性展开。所谓波动性是指新闻话题在一定时间段内其热度会随着时间的推移先增加，然后降低，在某一时刻或许再被激发而变成热点话题，使得话题以波浪的形式存在。在话题识别与追踪中，一个新的新闻报道可能不单独属于某一个话题，而是在不同层次属于不同话题，故研究者提出了层次话题检测方法[122]，该方法充分运用了新闻话题的层次性。

如果一个新闻话题的相关新闻报道在短时间内大量出现，即爆发密度(不规则图形的面积)比较大，则该话题为热点话题的可能性就会增大；从话题发展曲线的总体来看，如果其波动的幅度越大，则其为热点话题的可能性亦会增大。综上分析，可以发现时序性和波动性均与话题的热度有关系，图 5-3 展示了某一话题一定时间段内(一个波动周期)追踪到的相关报道数量变化简图。

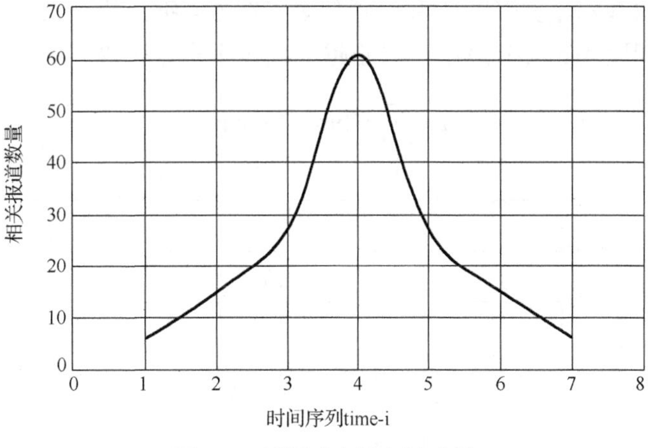

图 5-3　话题时序性和波动性

图 5-3 中，横轴表示时间序列 time-i，纵轴表示某一时间点 time-i 时，某一话题的相关报道数。在一定时间段(时间距离)内，该话题的相关报道出现密度越大，则该话题越热。当 time-i=4 时，图 5-3 所示话题追踪到的相关报道数达到峰值，即幅

度最大，该峰值越大则话题为热点话题的可能性越大。本章首先将二者进行线性融合和指数规范化处理，然后给出一个新的判断话题是否为热点话题的方法。

5.4　基于时序性和波动性的话题热度计算

首先依据新闻报道的时序性，勾画话题发展过程曲线与坐标轴构成的不规则图形的面积，并将其用于度量新闻报道的爆发密度，然后获得话题发展过程中单位时间内报道数量的峰值，最后基于时序性和波动性给出话题热度的计算方法。

5.4.1　基于时序的相关报道密度计算

某一时间段内，某话题相关新闻报道的密度可视为图 5-3 所示波浪线和 x 轴构成的图形的面积，可采用积分的形式计算，由于图 5-3 的绘制来自离散的点：$(\text{time-1},\text{num}_1)$、$(\text{time-2},\text{num}_2)$、$(\text{time-3},\text{num}_3)$、$(\text{time-4},\text{num}_4)$、$(\text{time-5},\text{num}_5)$、$(\text{time-6},\text{num}_6)$、$(\text{time-7},\text{num}_7)$（其中 num_i 表时刻 time-i 对应的相关报道数），故将某一时刻 time-i 视为自变量，将该时刻对应的相关报道视为其函数，则 $y_{\text{num}}=f(\text{time-i})$。本书从积分的基本定义出发，依据时序性计算该不规则图形的近似面积。

图 5-4 所示的不规则图形的面积 A，如果用积分求解，其计算公式如下：

$$A=\int_{\text{begin}}^{\text{end}} f(\text{time-i})\,\mathrm{d}(\text{time-i}) \tag{5-17}$$

依据积分的基本定义[123]，面积 A 近似等于图 5-4 所示的一系列小矩形的面积之和，且每个时间段 $\Delta(\text{time-i})$ 越小，误差越小，其计算方法如下：

$$A\approx\sum_{i=1}^{n-1}\Delta(\text{time-i})\times \text{num}_{i+1} \tag{5-18}$$

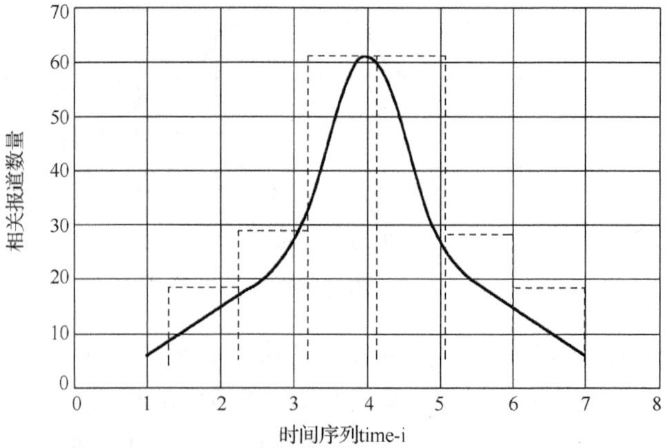

图 5-4　某话题相关报道密度求解

式(5-18)中，A 为某话题在大的时间段 $[t_1,t_n]$ 内的相关新闻报道的密度，Δ(time-i) 表示 $[t_1,t_n]$ 内的一个小时间段，即 $\Delta(\text{time-i}) \subset [t_1,t_n]$，如果时刻点有 n 个，则小时间段的个数为 $n-1$。num_{i+1} 表示时刻 time-$(i+1)$ 时，话题的相关报道数。

5.4.2　基于波动性的峰值计算

A 值相同的话题其热度不一定相同，两个不同话题的 A 值相同只能说明二者的曲线面积近似相等，但线形不一定相同，有的曲线波动平缓，有的波动幅度较大。理论上，在 A 值相同的基础上，曲线波动幅度越大，峰值越高，对应话题的热度则越高。为了更加准确地计算话题的热度，本章将在新闻话题波动性的基础上，给出影响话题热度的峰值获得方法。峰值计算方法如下。

输入：某话题在时间段 $[t_1,t_n]$ 内不同时刻的相关报道数 num_i；参与峰值计算的最近邻时间段数 k（偶数）。

输出：影响话题热度的峰度值 M。

Step 1. 循环 for　time-i $=1$　to　time-i $=n$；

Step 2. 获得话题的最大相关报道数 $\text{Max}(\text{num}_i)$，及此时对应的时刻点 time-r；

Step 3. 计算峰值 $M=\sum_{j=1}^{k/2}\Delta(\text{time-j})\times \text{num}_j$。

5.4.3　话题热度计算

依据上述分析，影响话题热度的因素包括话题相关报道的密度和相关报道的峰值。本书给出的热度计算方法将二者进行线性融合，计算公式如下：

$$\text{Degree}_{\text{hot}}=\alpha\times A+\beta\times M \tag{5-19}$$

其中，α 和 β 是常数，用于调整相关报道的密度和峰值对话题热度的贡献，$\alpha+\beta=1$。理论上 A 的贡献度应高于 M，故 $\alpha>0.5$，在后续实验中，我们将采用反复实验法，获得系数 α 和 β 的较优值。为了保证 $\text{Degree}_{\text{hot}}$ 的值介于 0 到 1 之间，我们将对其做如下指数规范化处理：

$$\text{Degree}_{\text{hot}}=1-\exp(-\lambda(\alpha\times A+\beta\times M)) \tag{5-20}$$

其中 λ 为可调整因子，判断一个话题 topic_{i} 是否为热点话题，可依据式(5-20)计算其热度值，如果其值大于热度阈值 θ，则认为该话题为热点话题。

5.5　实验结果及分析

实验采用信念网络话题模型作为表示模型，来验证本书提出的热点话题发现方法的性能。实验过程中，将话题的第一个波动周期视为大的时间段 $[t_1,t_n]$，该时间段中的小时间段Δ(time-i)的值预定为1小时。实验包括三项内容：第一项获得调节相关报道密度和热度峰值贡献度的参数 α 和 β，第二项获得判断话题是否为热点话题的热度阈值 θ，第三项实验用于比较本章提出的热点话题方法和目前广泛使用的CHI检验方法的性能。

对于参数 α 和 β 的获得，我们将采用反复实验法。由于 $\alpha+\beta=1$ 且 $\alpha>0.5$，故实验将分别验证 α 取值为0.6，0.7，…，1.0时，本章所提方法的 F_1 值，实验结果如表5-3所示。

表5-3　不同参数 α 和 β 对应的 F_1 值

α	β	F_1
0.6	0.4	0.7327
0.7	0.3	0.7258
0.8	0.2	0.8372
0.9	0.1	0.7681
1.0	0	0.6975

观察表5-3可以发现，当 $\alpha=0.8$，$\beta=0.2$ 时，F_1 值最高，故在后续实验中我们将采用该值来调整某话题相关报道密度和热度峰值的贡献度。当然，该值并不是精确的最优值，如果需要，在后续研究中我们将在 $\alpha=0.8$ 附近，进一步细化并进行反复实验。

表5-4　不同阈值 θ 下的 F_1 值比较

阈值 θ	Recall	Precision	F_1
0.1	1.0000	0.4854	0.6536
0.2	0.9218	0.5923	0.7212
0.3	0.9142	0.6725	0.7749
0.4	0.8103	0.8024	0.8063
0.5	0.7867	0.8548	0.8193
0.6	0.7931	0.8956	0.8412
0.7	0.7665	0.9138	0.8626
0.8	0.7431	0.9240	0.8237
0.9	0.6693	0.9673	0.7917
1.0	0.5124	0.9721	0.6711

第二项实验的目的是获得判断话题是否为热点话题的热度阈值 θ。如果阈值过

高，则查准率(Precision)会提高，但是查全率(Recall)会降低；反之，如果阈值过低则会降低查准率，所以选择合适的 θ 值很重要。该项实验仍采用反复实验法，通过比较不同阈值下的查准率、查全率、F_1 值，获得较优的热度阈值 θ，实验结果如表 5-4 所示：观察上表可以发现，当 θ 值为 0.7 时，F_1 值为 0.8626，值最高，故将后续实验中的热度阈值 θ 设为 0.7。

在获得上述阈值的基础上，第三项实验将比较广泛用于热点话题发现的 CHI 检验方法和本章所提方法(New-method)的性能。图 5-5 为查全率取值为(0.1，0.2，0.3，…，1.0)下，两种方法的查准率比较，从图中可以看出本章提出的方法优于传统的 CHI 检验方法。

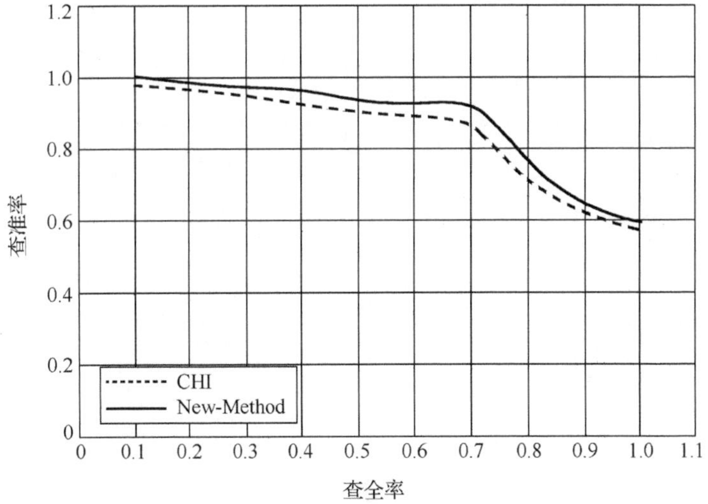

图 5-5　不同查全率下的查准率比较

5.6　本 章 小 结

热点话题发现在舆情监测及舆情控制任务中具有很大的作用，及时发现热点话题可以及时实现对话题的控制和引导，避免不良热点话题对社会的影响。当前对热点话题研究的出发点主要可以归为两类：热点话题具备什么样的特征？第一类研究以回答这个问题为出发点，通过挖掘、量化热点话题的特征，尝试提出话题的热度计算公式，最终通过阈值比较判断话题是否为热点话题；另一类研究是较为早期的研究，即通过分析热点话题和热词的关系，以及热词对热点话题识别的贡献来实现对热点话题的发现研究。本章首先对热点话题发现的相关研究进行了梳理，并对该领域的高被引文章做了介绍，目的是让读者能较为系统、深入地了解已有的研究方法。

在上述内容的基础上，本章以新闻话题的时序性和波动性为出发点，探寻热点话题发现的新方法。依据新闻话题的时序性，提出了话题相关报道的密度计算公式，并将其与某时间段内的相关新闻报道峰值融合，提出了新的热点话题发现方法。在未来的研究中，我们将对时间的量化，及其对密度、峰值的影响做进一步的深入研究。

第 6 章　面向热点话题演化的噪声特征识别

从应用的角度来说，目前国内大多数新闻类门户网站和新闻类搜索引擎对新闻话题的追踪的研究多局限于新闻话题的某个状态点，缺乏对新闻话题追踪过程中的动态演化进行挖掘，同时也忽略了新闻话题在发展过程中不同阶段之间的关系和差异对追踪的影响；从理论的角度来说，传统的话题追踪技术几乎都是从“点”的角度去观察新闻话题，只是将和某个话题相关的新闻报道简单地聚类在一起，不能合理、有效地组织、排序文档，故不能直观地给用户展示新闻话题的发展轨迹和因果关系。

新闻报道属于典型的流数据，具有动态变化的特性，即随着时间的推移融入新的信息，使其原本所属的话题发生演化。如果能够在话题追踪过程中，准确、完整地获得新闻报道在不同时间段内的阶段性信息，并将其整合，则可以使人们更加全面、精炼地掌握新闻话题的来龙去脉和发展态势，实现对舆情的预测和控制，这也是热点话题演化的研究目标。目前该方向具有较大的研究空间，研究成果可应用于金融、证券、情报、安全等领域。话题的演化能够反映某一个热点话题从出现、上升、下降，到最后消失的过程，可以帮助我们从全局了解整个话题的内容和被关注度的变化。话题演化是舆情分析的关键任务之一，具有非常重要的研究价值。

6.1　话题演化概述

本书第 4 章已经给出了话题识别与追踪领域中的相关概念，指出话题是由一个种子事件或活动以及与其直接相关的事件或者活动的集合。事件不同于报道，它是发生在特定时间、特定地点的事情，例如“2017 年 4 月 1 日中共中央、国务院决定设立雄安新区”属于一个事件，由这个事件引发的关于雄安新区的所有讨论将构成一个话题。

话题演化不同于话题识别与追踪中的五个子任务，目前尚没有确切的定义，文献[124]借鉴文献[125]的相关研究，指出话题演化衡量的是同一话题随着时间的推移表现出的动态性、发展性以及差异性，故可将话题演化定义为：话题在传播过程中逐渐变化的现象，旧话题的消亡、新话题的产生，以及某个话题向另外几个话题扩散的过程[124]。一般情况下，热点话题在演化的过程中可从两方面体现其演化：①一是描述话题的内容的演化。话题的内容在不同的阶段可能具有不同的特色、不同的侧重点、不同的表现形式，也有可能在内容上由原来的一个话题扩散到多个话题，例如对于“航班事故”话题，最后可能随着时间的推移，演化成“航班事故”“航空安全”“政府作为”等不同的话题。②另一个就是话题的强度变化。图 6-1 为“影视明星高某于 2019 年 11 月 26 日在浙江卫视录制娱乐节目时不幸去世”话题的关注度变化曲线，从图中可以发现热点话题的发展演化是有生命周期的，话题的关注度(热度)会呈现“低-高-低”的变化趋势。

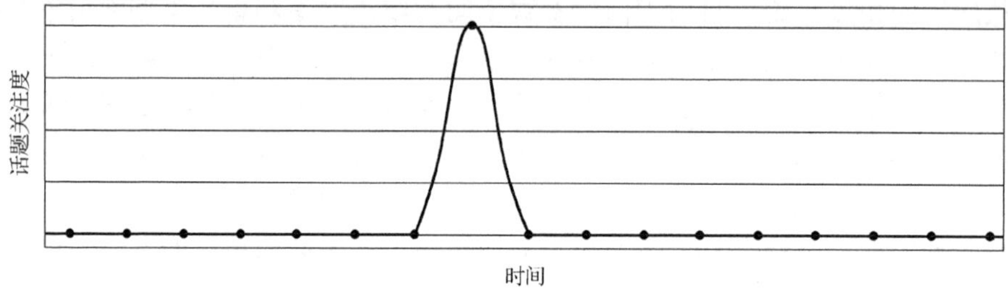

图 6-1 “高某猝死”话题关注度演化

6.2 话题演化相关研究

截至 2019 年 12 月 19 日，从中国知网输入“话题演化”可以检索到 301 篇文献，而且该主题的研究主要集中于近三年，统计图如图 6-2 所示，故从这一点来看，话题演化是一个较新的研究方向，具有很好的研究价值。

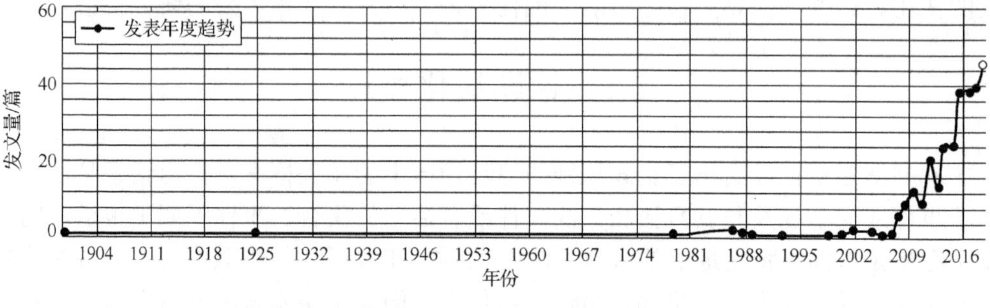

图 6-2 “话题演化”研究成果发表年度趋势图

对热点话题演化的相关研究主要集中于两个方面：

(1)通过对已有话题模型的改进展开话题演化的相关研究，张佩瑶[126]等以向量的形式表示词语，形成词向量，并将该向量与比特姆主题模型(Biterm Topic Model，BTM)融合，对短文本话题演化展开研究。徐伟等[127]将微博内容分为文本(文字内容)和非文本(图片、URL、Hashtag 等)两类，基于转发关系对热点微博话题的演化展开研究。较多研究者们[128-131]以 LDA 模型作为话题表示模型，考虑到在已有的话题演化研究中，话题的主题数需要预先设定且不能改变，这不符合人们的逻辑认知，故通过增加狄利克雷过程提出了面向动态主题数的话题演化。王振飞等[132]考虑到已有话题演化方法忽略了话题中时间因素和背景词的存在，提出基于时间片划分的微博主题生成模型(Microblog Topic Latent Dirichlet Allocation，MTLDA)，展开对话题演化的研究。事实上，不同的话题模型存在固有的缺点，例如向量空间话题模型采用词袋表示话题和新闻报道，不能直观地模拟话题的演化过程，且在解决话题漂移问题时能力有限；语言模型存在零概率问题，该问题由于数据稀疏性导致；基本的 LDA 模型假设主题之间相互独立，而实际上不同主题间可能存在一定的关联性，完全忽略这些关联性并不合理。故已有研究虽然取得了较好的效果，但仍有改进、提升的空间。

(2)通过特征词的演化实现对话题演化的挖掘。李磊等[133]在共现分析理论的基础上，通过计算主题词集合的密度和中心度，揭示话题演化的态势。赵旭剑等[134]通过引入话题特征的演变特性，提出基于话题演化的特征计算模型，实现对话题演化的挖掘。Jensen 等[135]在引文网络的基础上，运用基于内容、作者、地点特征的限定元路径构建话题演化树，该方法可以形象地体现话题的演化脉络。

通过上述梳理，可以发现现有对话题演化的研究，一是侧重于从模型的角度模拟话题的演化，另一个是从话题相关特征的演变过程体现话题的演化过程。为了加深对话题演化的理解，从上述相关文献中选取两篇具有代表性的文献做简单介绍。

1)基于 LOLDA 模型的话题演化

文献[130]在 LDA 模型的基础上，通过融入话题标签，提出了基于话题标签的微博话题演化模型(Label On-line Latent Dirichlet Allocation，LOLDA)，该模型首先将话题跨越的时间段划分成多个时间片，每个时间片对应属于该时间片的文档子集，并对不同时间片中的文档子集单独建模，在建模过程中上一时间片中的主题信息会遗传给当前时间片，考虑到文档集中可能存在话题标签(即“#”)，文献[130]对微博主题分布 θ_d 做了两种情况的规定：

$$\theta_d=\begin{cases}\theta_s,\lambda_d=0,\ \text{由微博标签内容决定}\\ \theta_r,\lambda_d=1,\ \text{由微博内容决定}\end{cases} \tag{6-1}$$

由式(6-1)可以看出，文档的主题分布分两种情况确定：如果微博中有“#”($\lambda_d=0$)，则 θ_d 由话题标签确定；如果微博中没有“#”($\lambda_d=1$)，则 θ_d 由微博中的文本内容确定。

LOLDA 模型用新出现的文档在 K 个主题中的概率分布对其建模，K 值可能会随着时间的推移而产生变化，并不是一成不变的。在给定的时间片中，该时间片中的文档生成模型将作为下一个时间片中的生成模型的先验分布，达到遗传的目的。在某个时间片 t 中，LOLDA 模型的生成过程如下。

(1)对微博文档集合中的某条微博 $m(m\in[1,M])$：

如果 $\lambda_d=0$，则微博 m 的主题分布 θ_d=θ_s，且 $\theta_s\sim \mathrm{Dir}(\alpha_s)$；

如果 $\lambda_d=1$，则微博 m 的主题分布 $\theta_d=\theta_r$，且 $\theta_r \sim \mathrm{Dir}(\alpha_r)$。

(2)对于每个主题 $k\in[1,K]$，采样生成主题-词分布 $\varphi_k^t \sim \mathrm{Dir}(\beta_k^t)$：

如果 $t=1$，则 $\varphi_k^t \sim \mathrm{Dir}(\beta)$；

如果 $t\neq 1$，则计算 $\beta_k^t=B_k^{t-1}\omega^{\sigma}$。

(3)对于微博 m 中的第 n 个词语（$n\in[1,N]$）：

从参数 θ_d 的多项分布中抽样生成一个主题 $z_{m,n}$，即 $z_{m,n} \sim \mathrm{Multinomial}(\theta_d)$；根据对应的主题 $z_{m,n}$ 及其分布，生成单词分布，即 $w_{m,n} \sim \mathrm{Multinomial}(\varphi_{z_{m,n}})$。

(4)重复步骤(3) N 遍(因为假设微博 m 中有 N 个词语)，可生成微博 m 的分布。

(5)重复步骤(4) M 遍(因为假设文档集合中有 M 个微博)，可形成对应时间片 t 中的微博文档子集。

在上述模型生成的基础上，可获得微博文档的主题-词分布，并依据时间片信息体现话题演化。话题在演化过程中，其热度可由人们的关注强度来衡量，而关注强度的主要影响指标即为主题强度。同时，在正常的话题演化过程中，不同的新闻报道描述同一个话题采用的描述文本、非文本信息并不相同。综上，从主题强度和内容两方面展开话题演化研究是合理的，这也是文献[130]展开相关研究的出发点。

依据上述过程实现话题建模后，微博可以表示成话题的概率分布，如果某一个微博在不同话题上的概率分布相似(均匀)，则说明该微博没有明确的主题归属，为区别话题的主题归属度，采用信息熵进行度量，即微博 d_m 的信息熵如式(6-2)所示，某篇微博的权重 W_{d_m} 如式(6-3)所示，某个话题(主题)的强度 T_{z_k} 如式(6-4)所示：

$$\mathrm{Entropy}(d_m)=-\sum_{K}\theta_{m,k}\log_2\theta_{m,k} \tag{6-2}$$

$$W_{d_m}=1-\frac{\mathrm{Entropy}(d_m)-\min\{\mathrm{Entropy}(d_1),\cdots,\mathrm{Entropy}(d_M)\}}{\max\{\mathrm{Entropy}(d_1),\cdots,\mathrm{Entropy}(d_M)\}-\min\{\mathrm{Entropy}(d_1),\cdots,\mathrm{Entropy}(d_M)\}} \tag{6-3}$$

$$T_{z_k}=\frac{\sum_{m=1}^{M}W_{d_m}\theta_{m,k}}{\sum_{m=1}^{M}W_{d_m}} \tag{6-4}$$

其中，$\theta_{m,k}$ 为微博集合中第 m 篇微博在第 k 个主题中的概率分布，当微博 d_m 只属于一个主题时，信息熵为 0，即 $\mathrm{Entropy}(d_m)=0$，此时该微博的权重最大，令 $W_{d_m}=1$。通过融入时间片信息，依据上述公式可以体现话题在不同时间中的强度，进而体现话题关注度在话题演化中的变化。

对于话题内容的演变，可通过上述的主题-词分布和文档-主题分布体现，并基于 KL 距离计算不同主题(话题)之间的相似性。相邻时间片 t 和 $t-1$ 中同一个主题 k 的两个不同主题分布 φ_k^t 和 φ_k^{t-1} 的 KL 距离[136]为：

$$\mathrm{KL}(\varphi_k^t,\varphi_k^{t-1})=\sum_{i=1}^{N}\varphi_{k,i}^{t-1}\lg\frac{\varphi_{k,i}^{t-1}}{\varphi_{k,i}^{t}} \tag{6-5}$$

上述的 KL 距离是非对称的，实际上两个话题的相似度存在非对称关系，故在计算话题内容演变时，可采用如下所示的 JS 距离[137]计算：

$$\mathrm{JS}(\varphi_k^t,\varphi_k^{t-1})=\frac{1}{2}\left[\mathrm{KL}\left(\varphi_k^{t-1},\frac{\varphi_k^{t-1},\varphi_k^t}{2}\right)+\mathrm{KL}\left(\varphi_k^t,\frac{\varphi_k^{t-1},\varphi_k^t}{2}\right)\right] \tag{6-6}$$

上述话题演化理论可图示化为图 6-3。

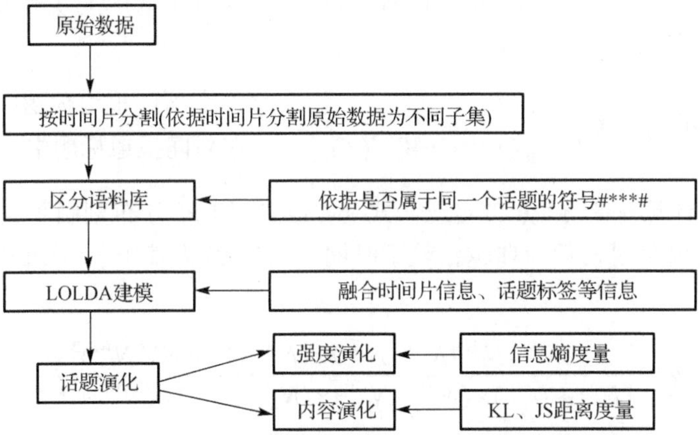

图 6-3　基于 LOLDA 模型的话题演化流程图

2) 基于特征演变的话题演化

文献[134]指出在话题演化过程中，无论是话题内容还是话题强度的动态变化均是基于话题特征的演化，话题特征的演化直接体现了话题演化的本质，据此，文献[134]提出了基于特征演变的话题演化研究。观察、分析话题的演化脉络，可以发现在话题演化过程中，话题的描述特征的演化具有明显的特性：突发性、连续性和密集性。

在话题演化过程中，描述同一个阶段话题的词语特征与话题其他阶段的词语特征具有明显的差别，当一个阶段的主要特征发生变化时，话题的内容也发生了演变，话题将进入一个新的演变阶段。此时，采用一定的量化方法提高特征的突发权重，可以提高后期对话题相关报道追踪的准确率。通常情况下，属于话题同一个演化阶段的新闻报道往往会包含相同的特征，这些特征会作为核心内容，贯穿某个演化阶段，此现象即为特征的延续性，这些特征不会随着时间的推移而改变。在话题演化过程中，某些特征会在短时间内高频度出现，这些特征是导致话题演化的重要原因，此现象即为话题演化过程中特征的密集性。

理论上，属于某话题同一个演化阶段的新闻报道具有相似的话题信息，直接表现是这些报道具有相同的特征词语，这些词中的核心特征会贯穿话题发展的始终，体现了话题的延续性。此外，在话题演化过程中，除了这些核心特征外，还可能在某个时间段高频率出现一些非核心特征，体现了特征的密集性。

基于上述的突发性、连续性、密集性，文献[134]给出了话题演化过程中特征的权重计算模型，如下所示：

$$W(\|f\|)=W_O(f)+W_B(f)+W_C(f)+W_I(f) \tag{6-7}$$

$W(\|f\|)$为特征f的最终权重，其值由四部分组成：原始权重$W_O(f)$、突发权重$W_B(f)$、连续权重$W_C(f)$和密集权重$W_I(f)$。其中原始权重$W_O(f)$采用文献[37]和文献[138]中给出的方法计算，即：

$$W_O(f)=\begin{cases}W_{\text{itf}\times\text{idf}}(f), & f\text{不在新闻报道标题中}\\ W_{\text{itf}\times\text{idf}}(f)\times(1+W_{\text{title}}(f)), & f\text{在新闻报道标题中}\end{cases} \tag{6-8}$$

$W_B(f)$的计算基于χ^2分布实现，式(6-7)给出的χ^2分布刻画了词项w和时间t的关联度，值越大则表示词项越依赖于时间，式(6-9)为基于χ^2分布[139]的特征突发权重。

$$\chi^2=\frac{(N^{wt}+N^{\bar{w}t}+N^{w\bar{t}}+N^{\bar{w}\bar{t}})\times(N^{wt}N^{\bar{w}\bar{t}}-N^{w\bar{t}}N^{\bar{w}t})^2}{(N^{wt}+N^{w\bar{t}})\times(N^{\bar{w}t}+N^{\bar{w}\bar{t}})\times(N^{wt}+N^{\bar{w}t})\times(N^{w\bar{t}}+N^{\bar{w}\bar{t}})} \tag{6-9}$$

$$W_B(f_i)=\frac{\chi^2(w_i)}{\sum_{j=1}^{M}\chi^2(w_j)} \tag{6-10}$$

其中，N^{wt}表示在t时刻出现且包含词项w的新闻报道数量，$N^{w\bar{t}}$表示在时刻t之前出现且包含词项w的新闻报道数，$N^{\bar{w}t}$表示在t时刻出现且不包含词项w的新闻报道数量，$N^{\bar{w}\bar{t}}$表示在时刻t之前出现且不包含词项w的新闻报道数。

话题的连续性权重$W_C(f)$采用式(6-11)计算：

$$W_C(f)=\frac{(t_{\max}-t_{\min})/2}{1+\sum_{i=1}^{|S|}\lg(t(d_{i+1})-t(d_i)+1)}\times\frac{1}{N} \tag{6-11}$$

其中，S表示报道流中含有特征f的新闻报道数量，$t(d_i)$表示包含特征f的第i个报道的发生时间，$t_{\max}$表示已有报道集合中最新文档的话题时间，$t_{\min}$表示已有报道集合中最早文档的话题时间，N为报道总数。通过分析式(6-11)可以发现，出现在多个前后邻接的新闻报道中的特征词的权重较高。

特征f的密集性权重$W_I(f)$采用式(6-12)计算：

$$W_I(f)=\frac{\sum_{d\in D}C_T(f,d)/(C_{T-1}(f)+C_D(f))}{\sum_{d\in D}\sum_{f\in d}C_T(f,d)/(C_{T-1}(f)+C_D(f))} \tag{6-12}$$

文献[134]将文档流切分为多个时间窗口，式(6-12)中的T表示当前的文档流窗口，D表示属于时间窗口T内的文档集合，$C_D(f)$表示特征f在D中出现的次数，$C_{T-1}(f)$表示特征f在时间窗口T之前出现的次数。观察式(6-12)可以发现，其在特征密集权重计算过程中，同时考虑了最新文档和已有文档，该方法可以保证特征演变和话题演变是一致的。

以上研究均是从正向出发，尝试实现话题演化的挖掘研究，而话题演化中竭力避免的问题是话题漂移现象的产生[13]，但针对此问题的研究甚少，本书以此为出发点，试图提出一种方法可以在保证话题正常演化的前提下，降低话题漂移现象产生的概率。与已有工作相比，本章的主要贡献在于：

(1)通过分析，发现话题漂移产生的根源是噪声特征的引入，而噪声特征多为新引入的话题描述特征。结合实例，分析出新引入的特征是否为噪声特征的辨别依据，主要是间断性和分布性。

(2)给出特征间断性和分布性的量化方法，并在此基础上提出具有自适应能力的权重衰减函数，实现话题演化中的噪声特征识别研究，以降低话题漂移问题产生的可能。

6.3　话题演化与话题漂移关系概述

在 TDT4 实验语料中，41026 话题是关于新加坡航空公司航班 SQ006 坠毁，话题报道时间从 2000 年 11 月 1 日持续到 2000 年 12 月 21 日。话题开始时，集中描述 10 月 31 日晚 11 时 18 分新加坡航空公司一架客机从台北桃园中正机场起飞时，起火燃烧，图 6-4 给出了该话题的演化脉络图。观察图 6-4 可以发现，2000 年 12 月 1 日之前的报道都是围绕话题的核心展开，随着时间的推移，2000 年 12 月 2 日到 2000 年 12 月 26 日话题的描述术语中出现了一些有别于话题核心内容的词语，例如交通安全、社会安全等，如果这些词语是围绕初始的航空事件展开，则成功地体现了话题的演化。但是，如果在后期话题追踪的过程中，只要出现这两个词汇的报道就归入该话题，则可能出现偏移，例如，如果相近时间段内出现了的其他汽车交通事故、社会治安等问题，并将其错误归为 41026 话题，则在后期易于出现话题漂移现象，即追踪到的新闻报道描述的话题内容不再是 41026 话题。

通过上述案例分析可以发现，话题演化是话题发展的体现，有效的话题演化可以降低话题识别与追踪的漏报率。如果话题追踪中引入了不合理的特征则会增大话题漂移产生的概率，一旦出现话题漂移则话题识别的准确率会大幅度下降，这个现象应竭力避免，这也是本章研究内容的出发点。

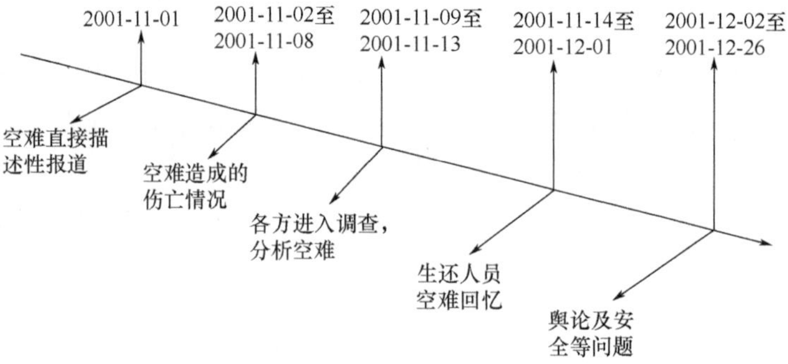

图 6-4　41026 话题的动态演化

6.4　话题演化中噪声引入分析

随着时间的推移，新的相关报道不断融入已有话题，实现话题的动态演化，该过程符合人们的逻辑认知。缺点是在话题演化过程中可能会引入噪声特征，从而降低话题识别与追踪系统的综合性能，甚至导致上述的话题漂移现象的产生。本节以 TDT4 语料中的 41020 话题“印度尼西亚教堂的袭击”为例，再次梳理话题的演化过程，简析理论上如何避免话题演化过程中噪声特征的引入。

41020 话题起始于 2000 年 12 月 24 日，TDT 评测会议组通过新闻早报(ZBN)、中国广播系统(CTS)和中国电视系统(CBS)三家媒体搜集、追踪与该话题相关的中文新闻报道，图 6-5 展示了该话题的演化脉络，图中矩形框里的内容为对应时间追踪到的新的相关报道的描述特征。

图 6-5 中左边带箭头的线为时间轴，观察上图可以发现，在话题演化过程中，核心特征“印尼；教堂；爆炸”贯穿于话题发展的始终，体现了话题核心内容的守恒。在话题演化的过程中，还出现了一些新的特征，有些新特征的引入可以体现话题的演化，起到正面的作用，有些新特征的引入却起到了反面的作用。图中 2000 年 12 月 25 日之后出现的新特征“警方；嫌犯；驻守；疗伤”等很好地体现了话题的发展脉络，起到了正面的作用；而 2000 年 12 月 26 日出现的新特征“中东和平；以色列；巴勒斯坦；死亡文化”在后续的相关报道中均未出现，这些特征的引入，可能会使话题在发展过程中产生漂移，故在话题演化中起到了反面作用；特征“恐怖分子；国家分裂”出现在 TDT4 语料的多个中文话题中，它们的引入势必会降低话题与话题之间的区分度，故在进行话题表示时这些新引入特征的权重应进行适当衰减。

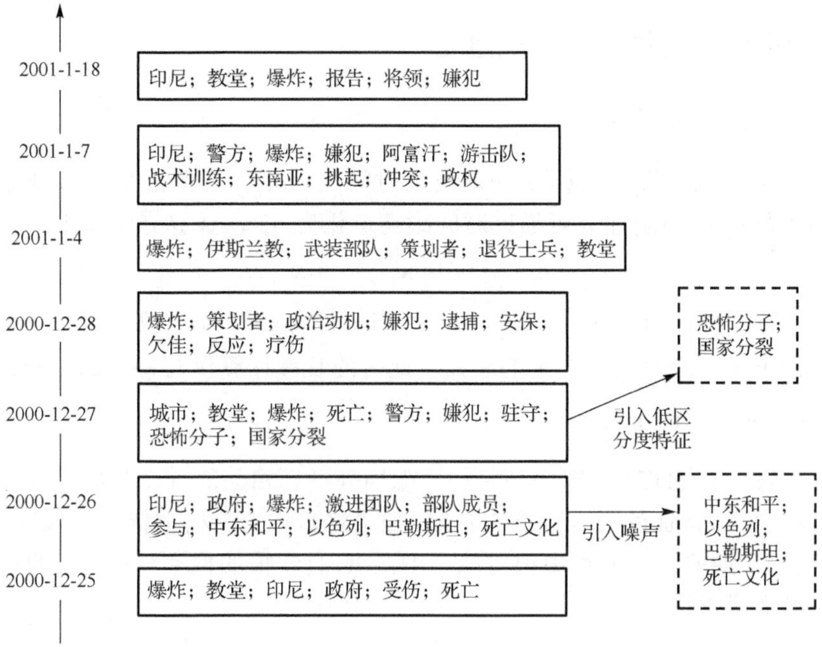

图 6-5　41020 话题演化脉络

通过上述分析发现，从话题的完整演化脉络来看，噪声特征具有明显的特性，这些特性对话题演化中噪声特征的识别具有重要的理论指导。

(1) 间断性：在话题演化过程中，不同时间段的相关新闻报道会引入一些新的特征，有效新特征的引入往往标志着话题发展过程中一个新阶段的到来，可降低话题追踪的漏报率。但是，若一个新的特征仅在某个相关新闻报道中以较高权重出现，在之后的时间距离 Δt 内或之后的 n 个相关报道中再也没出现，则认为该特征的间断性较强，为噪声的可能性很大，其权重应该进行衰减，例如 41020 话题中的“以色列；巴勒斯坦；死亡文化”。

(2) 分布性：依据特征选择理论，如果特征 k_i 在话题 $\text{topic}_1,\text{topic}_2,\cdots,\text{topic}_n$ 中均出现，则该特征的类辨别能力较差，在后期的话题识别与追踪中存在误报可能。据此，如果追踪到的新相关报道中的新特征 k_j 分布在 $m(m \geqslant 2)$ 个话题中，则需要使其权重衰减，且衰减程度应与 m 成正比。

6.5　噪声特征权重衰减及识别

为了避免话题演化中噪声特征的引入，本节将依据上文分析的结果，对特征的间断性和分布性进行量化，提出特征权重的衰减计算，进而实现热点话题演化过程中噪声特征的识别研究，尽量避免话题漂移现象的产生。

6.5.1 特征的间断性和分布性量化

1. 特征间断性的量化

假设 time_i 为特征 k_{si} 所属报道 s 的发生时间， time_{new} 为特征 k_{si} 没有再现的最近时间，则特征 k_{si} 的间断性 A 可通过时间距离量化为 ΔT，计算方法如下：

$$A = \Delta T = |\text{time}_{\text{new}} - \text{time}_i| \tag{6-13}$$

将时间粒度预设为“天”，如果同一天内特征 k_i 再次出现，则 $\Delta T=0$，特征 k_{si} 的权重将不做出因时间距离而产生的衰减，此时的衰减计算仅与特征的分布性有关。

2. 特征分布性的量化

表 6-1 列出了 TDT4 语料中与特征“恐怖分子”相关的 6 个话题，在 41020 话题演化过程中，该特征的类区分能力较差，如果将其作为高权重特征引入话题 41020 的表示，则在后期的话题追踪中很可能产生误报，且误报的概率与特征“恐怖分子”分布的话题数成正比。

表 6-1　TDT4 中与“恐怖分子”相关的话题

话题编号	话题
41001	哥伦比亚挟持和平结束
41011	土耳其监狱暴乱
41016	汽车炸弹在西班牙北部爆炸
41020	印度尼西亚教堂的袭击
41029	劫持！美国大使的飞机
41039	飞机飞入伊拉克禁飞区

基于以上分析，本章给出如下分布性量化方法：假设特征 k_{si} 分布于 num_{ti} 个话题，当 $\text{num}_{ti}=1$ 时，表示该特征作为选出的高权重词汇仅出现在一个话题中，其权重不做出因分布性而导致的衰减，num_{ti} 的数值越大，则权重衰减的程度越大，据此我们将衰减因子 B 量化为：

$$B = \text{num}_{ti} - 1 \tag{6-14}$$

6.5.2 噪声特征权重衰减

如果新引入的特征是噪声特征，一般具备明显的特性，上节已经给出量化方法，本节将提出依据分布性和间断性的权重衰减计算。假设集合 C_j 表示话题 topic_j 的初始核心术语集(即从最初的新闻报道中选择的描述特征)，U_j 表示话题发展过程中引入的新特征组成的集合。为了保证初始核心守恒，降低话题漂移现象产生的概率，在话题演化过程中，我们假定集合 C_j 保持不变；为了体现话题的发展变化，集合 U_j 将随着话题的发展而不断更新，初始时，集合 U_j 为空集。分析可知，噪声的来源是集合 U_j，对集合 U_j 中的特征的有效筛选可实现话题的有效演化。C_j、U_j 和 topic_j 分别表示为：

$$C_j=\{k_{c_j1},k_{c_j2},\cdots,k_{c_jm}\} \tag{6-15}$$

$$U_j=\{k_{u_j1},k_{u_j2},\cdots,k_{u_jn}\} \tag{6-16}$$

$$\text{topic}_j = C_j \cup U_j \tag{6-17}$$

$k_{c_ji}(i=1,2,\cdots,m)$ 表示初始核心特征，$k_{u_ji}(i=1,2,\cdots,n)$ 表示话题发展过程中引入的新特征。假设在话题识别与追踪过程中，在时刻 t，追踪到话题 topic_j 的相关报道 s，则需要处理如下问题：

(1) 如果相关报道 s 中的特征 k_{si} 不在 U_j 中，应如何处理？

(2) 如果相关报道 s 中的特征 k_{si} 在 s 中，应如何处理？

对于问题(1)，直接将新特征加入 U_j，并采用 Brants 等[34]提出的增量式权重计算方法计算权重 w_{si}，如式(6-18)、式(6-19)所示；对于问题(2)，则需要依据特征的分布性和间断性对该特征的权重 w_{si} 进行更新计算，获得最终权重 $w_{si\text{-finnal}}$，计算方法如式(6-20)所示。

$$w_{si} = w_t(\text{topic}_j,k_{si}) = \frac{f(\text{topic}_j,k_{si})}{Z_t(\text{topic}_j)}\times\log\frac{N_t}{\text{df}_t(k_{si})} \tag{6-18}$$

$$Z_t(\text{topic}_j) = \sum_{k_{si}} f(\text{topic}_j,k_{si})\times\log\frac{N_t}{\text{df}_t(k_{si})} \tag{6-19}$$

式(6-17)中 $f(\text{topic}_j,k_{si})$ 表示特征 k_{si} 在话题 topic_j 中出现的频度，N_t 表示 t 时刻的话题总数，$\text{df}_t(k_{si})$ 表示 t 时刻出现特征 k_{si} 的话题数。$Z_t(\text{topic}_j)$）是一个规范化因子。

$$w_{si\text{-finnal}} = w_{si}\times\frac{1}{1+f(A,B)} \tag{6-20}$$

其中，A 用于度量特征 k_{si} 间断的时间距离，B 用于度量特征 k_{si} 分布的话题数(即包含特征 k_{si} 的话题数)，$f(A,B)$ 为权重衰减函数，其值大于等于 0，且 $f(A,B)$ 的值随变量 A，B 的增大而增大。我们将衰减函数设定为：

$$f(A,B)=\alpha A+(1-\alpha)B \qquad (\alpha\in[\alpha,1]) \tag{6-21}$$

其中，α 为衰减系数，比较式(6-20)和式(6-21)可以发现，权重衰减的程度和函数 $f(A,B)$ 成正比，即时间距离和分布量越大，特征是噪声的可能性就越大，权重衰减越多，最终的权重 $w_{si-\text{finnal}}$ 就越小。为了增强衰减函数的应用性，我们依据话题之间相对独立的特点，给出自适应计算衰减系数 α 的目标函数 $F(\alpha)$。首先对于任意话题 $\text{topic}_i(1 \leqslant i \leqslant n)$，$\alpha$ 的值应能保证 topic_i 和其他 $n-1$ 个话题的相似度最小，即：

$$\text{Min}\sum_{j=1}^{n-1}\text{Sim}(\text{topic}_i^{(\alpha)},\text{topic}_j^{(\alpha)}) \tag{6-22}$$

要保证 n 个话题中的任意一个话题均与其余 $n-1$ 话题满足式(6-22)所示的条件，则设置目标函数 $F(\alpha)$ 为：

$$F(\alpha)=\text{Min}\sum_{i=1}^{n-1}\sum_{j>i}^{n}\text{Sim}(\text{topic}_i^{(\alpha)},\text{topic}_j^{(\alpha)}) \tag{6-23}$$

在实证研究中，我们将采用枚举的方法，将间隔设为 0.1，对目标函数 $F(\alpha)$ 求解，获得衰减系数 α 的较优取值。

6.5.3　噪声特征识别

在上述理论的基础上，本章给出了热点话题演化中的噪声特征识别方法，识别框架图如图 6-6 所示。从图 6-6 所示的框架图中可以看出，噪声特征识别的核心步骤有四个：相似度计算、特征 k_{si} 的归属判断、权重更新计算及阈值比较。我们以本书第 3 章给出的话题模型 BDTM-II 作为表示模型，计算新报道 s 和话题 topic_j 的相似度，如果相似，则 s 视为话题的相关报道；判断相关报道 s 中的特征是否属于话题 topic_j 的更新特征集合，如果不属于，则直接将该特征加入集合 U_j，并计算其初始权重，如果属于，则进入第三个步骤权重的更新；权重更新涉及该特征的间断性和分布性量化，进而计算出衰减函数 $f(A,B)$ 的值，实现权重的动态更新，得到特征 k_{si} 更新后的权重；阈值比较即判断特征 k_{si} 更新后的权重是否小于指定的噪声阈值，如果小于则将其视为噪声，且从集合 U_j 中删除，噪声阈值依据文献[140]定为 0.2。

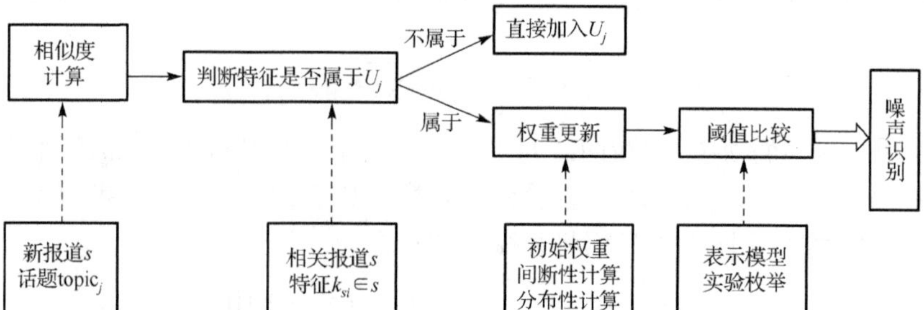

图 6-6　热点话题演化中的噪声特征识别框架

结合上述的噪声特征识别框架，本书给出了热点话题演化过程中的噪声特征识别算法。

输入：相关报道中出现的新特征 k_i，预设要考虑的后续相关报道数 δ，噪声阈值 θ。

输出：判定特征 k_i 是否为噪声。

Step 1. 判断特征 k_i 是否再次在 δ 个相关报道中出现：如果出现，则获得特征 k_i 首次再现的时间 t_{new}，并计算 $\Delta T = |t_{\text{new}} - t_i|$；如果没有再现，则将 δ 个相关报道按时间序列排序后，最后一个报道的发生时间作为 t_{new}，并计算 ΔT；

Step 2. 采用 for 循环，获得包含特征 k_i 的话题数 num_{ti}，计算 $B = \text{num}_{ti} - 1$；

Step 3. 采用式(6-20)计算特征 k_i 的衰减后权重 w_i；

Step 4. 阈值判断：如果 $w_i < \theta$，则认为特征 k_i 为噪声，否则将其作为话题的表示特征加入话题向量。

6.6 实证研究

实验部分包括三项：第一项实验采用枚举法获得衰减系数 α 的预设值；第二项实验以文献[15]提出的动态话题模型 BDTM-II 作为表示模型，比较仅考虑间断性、仅考虑分布性和二者同时考虑时，话题追踪的性能；第三项实验验证话题演化过程中，本章提出的噪声识别方法对话题漂移现象的控制。

1. 衰减系数 α 的确定

系数 α 用于控制间断性和分布性对权重衰减的影响，取值范围定为[0,1]。依据式(6-22)可知，测试集中话题不同则 α 可能会有所不同，TDT4 中文语料有 40 个中文话题，针对这些话题我们尝试采用枚举法获得当前较优的 α 值。实验结果如表 6-2 所示，从表 6-2 可以看出，当 $\alpha = 0.3$ 时，函数 $F(\alpha)$ 的值最小，为 0.3718，故将其值粗略定为 0.3。

表 6-2　不同衰减系数 α 对应的 $F(\alpha)$ 值

α	0	0.1	0.2	0.3	0.4	0.5	0.6	0.7	0.8	0.9	1.0
$F(\alpha)$	0.4567	0.4329	0.3829	**0.3718**	0.5437	0.4105	0.3988	0.4051	0.4679	0.3976	0.4324

2. 三种情况下话题追踪性能比较

噪声识别算法的提出是对数据预处理部分的优化，可以使得选择的特征准确地表示目标，提高话题识别与追踪的综合性能。该项实验仍然以第 3 章介绍的信念网络的动态话题模型作为表示模型，验证噪声识别中仅考虑分布性、时间距离和二者同时考虑时模型的最优性能，实验结果如表 6-3 所示。

表 6-3　不同情况下最优性能比较

	仅分布性	仅时间距离	综合考虑
P_{miss}	0.0479	0.0453	0.0427
P_{faiss}	0.0267	0.0284	0.0219
$(C_{\text{det}})_{\text{norm}}$	0.1787	0.1845	0.1500

观察表 6-3 可以发现，与仅考虑分布性、仅考虑时间距离相比，如果噪声识别算法同时考虑分布性和时间距离，则模型的性能最优，即 Optimal$((C_{\text{det}})_{\text{norm}})$ 值最小。

3. 对话题漂移现象的控制

话题形成之初，排序靠前的特征可以描述话题的核心内容。随着话题的演化，如果由于噪声特征的介入，使得初始排序靠前的核心特征排序变得靠后甚至消失，则容易出现话题漂移现象。如果初始排序靠前的核心特征在话题演化的过程中始终占据核心地位(即排序没有大的变动)则可有效避免话题漂移现象的产生。图 6-7、图 6-8 为话题 41020 中初始排序为前六的特征“爆炸；教堂；印尼；政府；受伤；死亡”在话题演化过程中的排序变化图。其中横轴为追踪到的相关报道的编号，纵轴为特征排序的倒数。图 6-7 为未使用噪声识别算法时这些特征的排序变化，图 6-8 为使用该算法后特征的排序变化。可以看出，使用噪声特征识别算法后，核心特征的排序变化较小，可以始终保持核心地位，故能够在一定程度上避免话题漂移现象的产生。

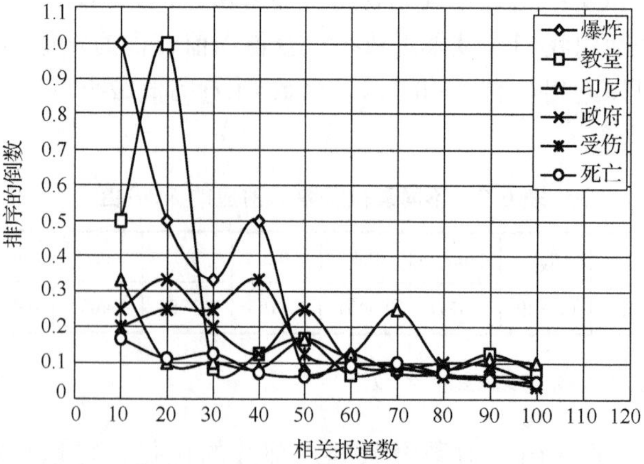

图 6-7　未使用噪声识别时话题初始排序前六的特征排序变化

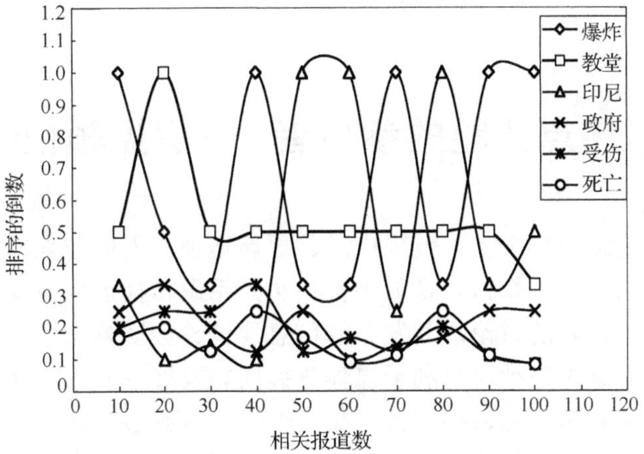

图 6-8　使用噪声识别后话题初始排序前六的特征排序变化

6.7　本 章 小 结

随着时间的推移，热点话题会不断融入新的信息，体现热点话题的动态发展过程，这个过程符合人们的认知。有效的话题演化可以使人们对话题的整个发展脉络有清楚的认识，可以及时掌握话题的发展态势，有效实现对话题的及时控制和引导。目前对于热点话题演化的研究已经成为热点研究方向之一，对话题演化的研究成果主要是通过模型、特征发现话题的演化规律，而在实际应用中，话题演化最忌讳的问题就是话题飘移现象的产生，即随着话题的发展，话题的后续描述内容和初始核心内容大相径庭，以此为出发点本章对热点话题演化中的噪声特征识别展开相关研究。

为避免话题演化中漂移现象的产生，本章进行了话题演化中噪声特征的识别研究。通过分析、量化噪声特征的特点，提出了噪声特征识别算法，研究成果可在一定程度上提高话题识别与追踪系统的综合性能，实现话题的有效演化。未来研究中，我们将围绕以下内容展开深入研究：①权重衰减函数的设置是我们提出的噪声特征识别算法的关键点之一，未来我们将通过综合考虑多方面因素，尝试设置一种性能更好的衰减函数；②通过数据挖掘和数据分析技术，获得噪声特征的其他特点，提高对噪声特征识别的准确率，进一步提高话题识别与追踪系统的综合性能。

第 7 章　热点话题的参与者——意见领袖特征分析

社交平台中信息内容丰富、范围广泛、更新迅速，人们越来越多地利用社交平台获取自己需要的信息与知识。意见领袖在热点话题传播过程中发挥至关重要的作用，他们积极推动话题的讨论，其发布的信息及评论会影响民意、引导舆论。及时发现舆情传播中的意见领袖，有利于媒体掌握舆论发展方向，增强信息传播效果；有利于企业、公司利用意见领袖宣传产品，使推广达到事半功倍的效果；有利于政府依法监督、规范市场、构建健康有序的网络空间，并通过意见领袖进一步加强与民众沟通，打击“伪科学”，辟谣澄清。本章在介绍相关理论的基础上，采用社会网络分析法识别意见领袖，以“关系论”的视角，通过社区网络密度、中心性等指标来综合衡量用户在话题讨论中的重要性，为意见领袖识别提供了新思路，有利于及时引导、控制热点话题的传播。

7.1　理 论 基 础

7.1.1　意见领袖

文献[141]指出，意见领袖是指人际交往社区中的“活跃分子”，为他人提供信息、意见和观点，影响他人的意志。丁汉青等[142]将意见领袖的特点进行总结，认为意见领袖见闻广博、尽职能干，经常与他人交往，经常使用媒介，对与他们处于同一团体的人施加影响。王佳敏等[143]认为意见领袖处于社会网络的中心节点，能影响他人的观点和行为，对舆论的发展具有导向作用。王秀丽[144]也对意见领袖展开相关研究，指出意见领袖拥有知识和专业特长，占据网络社区的中心位置，是信息传播的重要节点，与更多的社区成员相连接。

上述研究主要是从理论的角度，对意见领袖的特征、概念等展开意见。近年来，考虑到意见领袖在热点话题发现、传播、舆情引导中的重要性，研究者们对意见领袖的识别展开了系列研究。刘志明等[145]运用指标体系法，通过比较网络中用户的活跃度和影响力来判断其是否为意见领袖，其研究成果对突发事件的发现、引导具有一定的理论价值。王君泽等[146]通过梳理已有文献，总结出意见领袖的基本特征，并依据这些特征构建出博客意见领袖识别模型，对微博客用户进行评分从而筛选出意见领袖。管飘[147]基于层次分析法对高校 BBS 中的用户领袖值进行分析计算排名，取排名靠前的用户作为意见领袖。马宁等[148]运用动态网络分析方法，结合组织风险分析器软件，从发布者和参与者两个范围来确定网络舆论传播中意见领袖。宁连举等[149]以北邮人论坛团购版块为例，构建评论回复关系网络，使用 PageRank 算法评估用户影响力，进而识别出意见领袖。Weng 等[150]应用 PageRank 算法的改进算法 TwitterRank 衡量用户在 Twitter 的影响力，从用户发表的 Tweets 中提取潜藏的主题信息，识别感兴趣的主题，从主题相似和链接结构两方面评价用户影响力并对用户影响力进行排序。

在上述已有研究基础上，本章采用社会网络分析法，通过从社交媒体——知乎中爬取数据，挖掘热点话题的主要传播者——舆情领袖的特征。

7.1.2　社会网络分析法

社会网络由节点和节点之间的边组成，其中节点表示各种实体对象，可以是事物、人、单位等，边体现节点与节点之间的关系，如果两个节点之间有关系则二者之间就会存在一条边。这个关系可以是现实生活中的朋友关系、邻里关系，也可以是网络中虚拟的关注关系等。社会网络的形式化表达方法有两种：一种是图形表达法即社群图，由代表行动者的点和代表行动者之间关系的线构成；另一种方法是矩阵，行和列代表行动者，行列交叉点代表行动者之间的关系。社会网络分析研究的是社会行动者之间的关系数据，它建立在行动者之间具有重要关系的基础之上。社会网络分析学者运用计算机技术和统计学理论来研究网络，用密度、中心性、关系强度、派系等作为指标来对社会网络进行衡量。社会网络分析在数据获取和研究方法上独特性较强，受到学界广泛关注。社会网络分析法应用广泛，在情报学、信息学、社会科学等领域均有应用。

社会网络的分析方法主要有三种：主体分析、关系分析、整体网络分析，我们结合图 7-1 简述这三种分析的侧重点。假设图中 C 点为网络中的一个主体，从 C 点出发，分析 C 点分别和 A，B，D，E，F 点之间的关系，这种分析属于主体分析；关系分析的重点不是点，而是点与点之间的连线，分析两点之间连线(关系)的时间、内容、强度、亲密度、方向等信息；整体分析即为分析整个网络中所有的内容，包括社会网络中的点及点之间的关系。例如对于图 7-1 所示的网络简图，既要分析网络中所有的点 A，B，C，D，E，F，还要分析网络中的连线 AB，AE，BC，CF、CD。

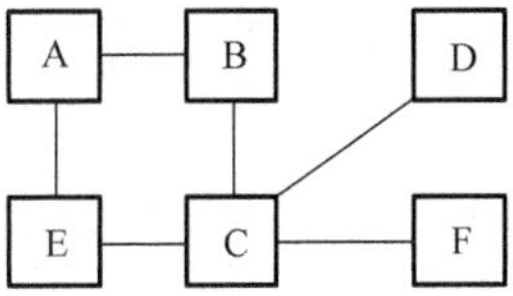

图 7-1　社会网络简图

通过研究网络关系，进行社会网络分析，可以帮助我们把孤立的个体关联起来，发现它们之间隐含的关系，而依据这些隐含的关系可以有效地挖掘出网络社区、网络中的关键节点等，故社会网络分析具有很好的应用价值。社会网络分析的流程主要包括四个步骤：

(1)通过问卷调查、访谈、平台记录数据等，得出网络分析的原始数据，本章的研究内容将基于知乎平台获得原始数据。

(2)确定后期进行网络分析的基本单位，可以是行动者个体，也可以是小组、群体或社区等。

(3)利用单位间的邻接矩阵、隶属矩阵形成各分析单位的关系矩阵。

(4)数据分析，通过对上述矩阵进行分析，生成数据表、社群图、网络位置图、树形图等，基于社会网络分析理论实现对原始数据的可视化分析处理。

通过梳理国内外相关文献，可以发现社会网络分析的主要内容包括：社会网络的结构参数、凝聚子群和网络位置及网络角色，不同研究内容下又可以细分为更多的研究分支，图 7-2 为当前社会网络分析的研究内容细化框架图。观察图 7-2 可以发现，本章将要进行的热点话题意见领袖的特征挖掘研究属于社会网络分析研究内容的第三个分支网络位置和网络角色分析。

在上述基本理论的基础上，本章首先基于 Python 从知乎上爬取了相关数据，然后基于可视化分析软件对数据进行分析，尝试总结出热点话题传播过程中的重要角色——意见领袖的特征。

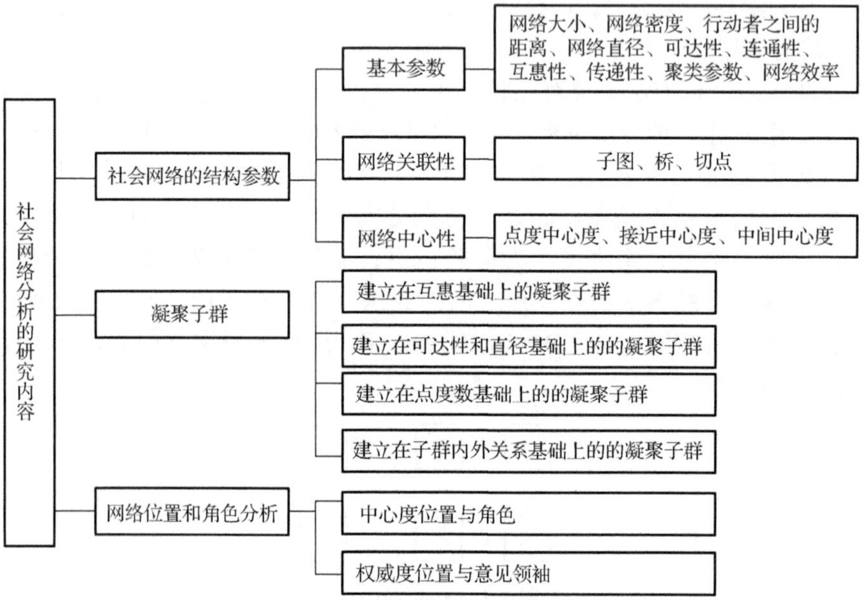

图 7-2　社会网络分析研究内容细分图

7.2　数 据 获 取

本章选择国内具有代表性的社交平台“知乎”来提取数据。知乎创立于 2011 年，在早期阶段，它采用邀请和认证的制度，吸引了一批优质用户加入，这些用户凭借其丰富的知识、经验储备创造了大量专业、高质量的内容，奠定了知乎严谨、认真的氛围。开放注册后，用户数量迅速增长，汇集了各行业和各领域具有出色才干的意见领袖。

知乎社区用户量庞大且信息更新迅速，因此其社会网络错综复杂。将整个知乎进行全面分析由于数据量庞大具有不可操作性，故本章选取适量的样本进行研究。我们将选取参与知乎“女性脱发”话题讨论的用户作为总体样本。该话题概念具体，绑定本话题的问题不会出现在父话题中，拥有一定规模的稳定用户，易于分析结构特性和便于挖掘其中的意见领袖。

打开知乎“女性脱发”热点话题页面，可以看到截至 2019 年 3 月 9 日，该话题共有 3266 人关注，652 个讨论。在“讨论”这一子页面中，包含了所有“女性脱发”话题的问题及回答。通过 python 编程采集所有用户的信息及相关讨论内容(此时爬取的用户不只是关注话题的用户，有些用户没有关注但是也参加过相关的讨论)，共爬取 3335 个用户。根据爬取用户的 URL 链接获取每个用户的关注名单，并用这 3335 个用户的用户列表与每个人的关注名单进行对比，在该名单中则为 1，不在则为 0，共获得 3335×3335 条数据，绘制矩阵建立关注关系矩阵。其中行和列均为这 3335 个用户，第 i 行和第 j 列的交叉 z_{ij} 表示两个用户之间的关注关系，如果 $z_{ij}=1$，则表示用户 i 关注了用户 j，如果 $z_{ij}=0$ 则表示用户 i 没有关注用户 j，最终得到的关注矩阵是一个非对称矩阵，如表 7-1 所示。表 7-1 为 3335×3335 关注矩阵中的部分数据，观察该表可以发现，大部分数据为 0，在该表给出的五个用户的关注矩阵中，只有用户“Zhong-ren-qing”和用户“hu-min-94-12”有关注关系，其余均没有，这反映出该话题相关的数据网络密度较低，后面我们还将对此进行深入分析。

表 7-1　“女性脱发”话题的关注矩阵

	qin-feng-77	hu-min-94-12	godlee-17	zhong-ren-qing	…	nan-gua-45-50
qin-feng-77	0	0	0	0	…	0
hu-min-94-12	0	0	0	0	…	0
godlee-17	0	0	0	0	…	0
zhong-ren-qing	0	1	0	0	…	0
⋮	⋮	⋮	⋮	⋮	…	⋮
nan-gua-45-50	0	0	0	0	…	0

7.3　热点话题意见领袖识别

Gephi 是社会网络分析的常用软件之一，用于各种网络分析的可视化处理。Gephi 将关系数据转换为社群图的形式，通过不同的统计算法计算网络特征，该软件可视化功能强大，注重网络图的分析，存储管理简单易学且容易操作。本章在进行知乎平台数据分析时采用 Gephi 软件展开。图 7-3 为依据 Gephi 软件生成的“女性脱发”话题相关数据的社群图。

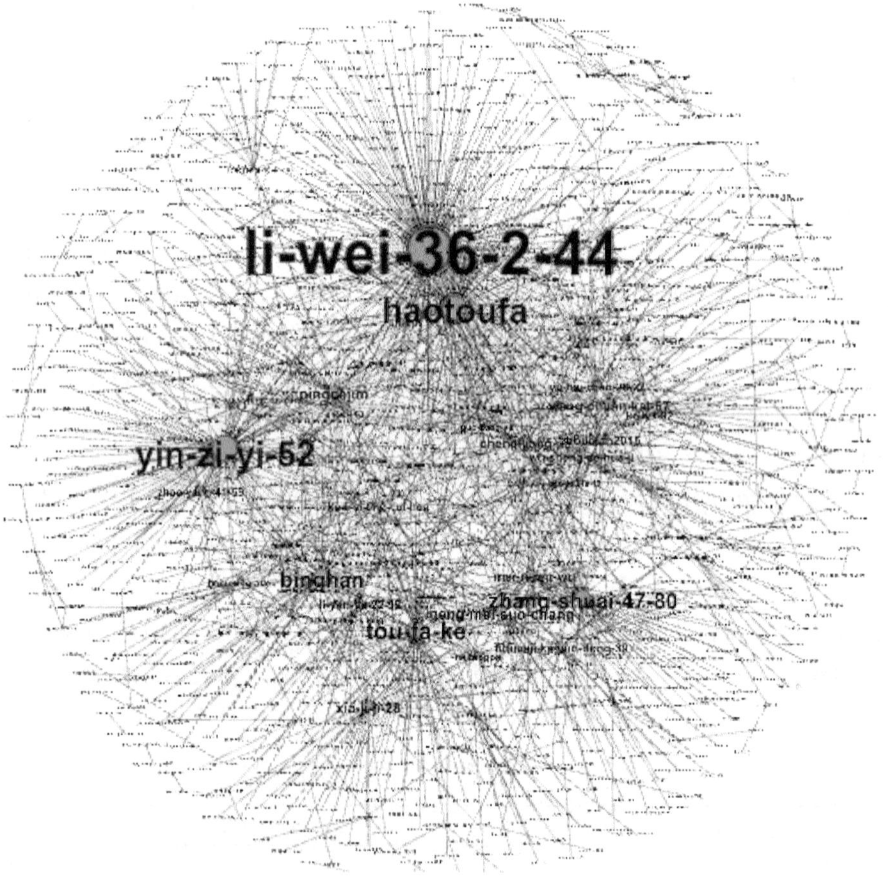

图 7-3　“女性脱发”话题社群图

图 7-3 中每一个节点代表参与“女性脱发”话题讨论的用户，节点之间带箭头的连线表示用户之间的关注关系，节点越大代表与之相连的节点数目越多。从图中可以看出，女性脱发话题社群网状结构较为松散，边缘位置分布着一些零星的节点，这些节点处于孤立位置，说明这些用户被关注或关注少，相互间的联系较少，相对孤立。部

分节点处于中心位置，说明这些用户在知乎中相对活跃，关注或被关注较多，与其他用户联系紧密。例如上图中最大的节点为用户“li-wei-36-2-44”，该节点最大，它与其他节点的连线最多，其次是用户“yin-zi-yi-52”和用户“haotoufa”。这些用户在社群内占有重要地位，对其他用户产生的影响也比较大。我们将对该话题的网络密度、中心性进行分析，并在此基础上，确定“女性脱发话题”中的关键节点，即意见领袖。

7.3.1　网络密度分析

网络密度是社会网络分析中的一个重要测度，用来表示社会网络中节点之间关系的数量和复杂程度，数值介于 0 和 1 之间，网络密度数值越大表示网络中节点联系越密切。通过 Gephi 软件的统计分析，热点话题“女性脱发”的网络图密度为 0.002，在社会网络中属于偏小的数值。这个数值说明参与“女性脱发”话题讨论的网络成员间联系不够紧密、关注关系较少，群体凝聚力不强，这点可以从表 7-1 所示的原始数据中看出(大部分节点的关注关系取值 $z_{ij}=0$)。

结合已经进行的网状结构分析，我们可以得出结论：参与“女性脱发”话题讨论的知乎用户，大部分联系较少且互动性不强，个别关键用户活跃性强、联系紧密且处于社会网络的核心位置。该话题相关信息的传播主要由这些关键用户向其他用户传播，这些关键用户的言论对其他用户具有较高的影响力，在一定程度上对舆论起主导作用。

7.3.2　网络中心性分析

中心性是社会网络分析者探讨的重点内容。中心性反映的是某节点在社会网络中处于中心的程度，是衡量某节点重要与否的常用指标，通过中心性分析有利于寻找群体中的核心角色。处于社会网络中心位置的用户，与其他用户交流更多，有更大的声望和权力，在网络中具有较大的影响力。因此我们可将中心性作为识别意见领袖的指标之一，常用的三种中心性分析法是：点度中心度、中间中心度和接近中心度。其中点度中心度是节点在社会网络中重要性的直接衡量指标；中间中心度指的是一个节点居于中介位置的程度，即处于其他两个节点之间最短路径上的次数。接近中心度用于度量一个行动者不受其他行动者的控制的能力。在上述三个指标中，计算接近中心度的指标要求很高，对于有向图而言，该指标要求网络必须是两两强相连的状态，本章在对“女性脱发话题”意见领袖识别中，并未使用该指标，主要使用了点度中心度和中间中心度的分析。在未来的研究中，我们将在简化边数的基础上，尝试考虑接近中心度对意见领袖识别的影响。

1. 点度中心度分析

点度中心度测量的是节点的交易能力，其值可用与该节点直接相连的节点数计算。如果一个节点中心度较高，则该点与许多其他节点存在直接的联系，在社会网络中处于关键位置，拥有较大的权力。点度中心度高的用户，信息交易能力强，处于信息传播的中心位置。

Gephi 的数据资料中可以看到点度中心度数据，表 7-2 给出了“女性脱发”热点话题的点度中心度排序表。由于本章在研究中将话题相关用户生成的社群图是有向图，所以在表 7-2 中有入度（indegree）和出度（outdegree），二者的和即为对应用户的中心度(degree)。从表 7-2 可以看出点度中心度最高的三位用户依次是“li-wei-36-2-44”“yin-zi-yi-52”和“haotoufa”，这三个用户在该社会网络中占据重要的地位，信息交易能力强。对这三位用户进行入度中心度和出度中心度分析，发现三位用户入度均很高，即他们在该话题讨论中的声望大，其他用户通过搜索该用户并与之建立联系的程度高；但三个用户的出度很低，“li-wei-36-2-44”和“haotoufa”出度为 0，说明他们寻求互动较少，信息接收能力较弱。因此，直接将点度中心性较高的用户作为意见领袖，存在不足，但是可以作为考虑因素之一。

表 7-2　“女性脱发”话题社会网络点度中心性分析

ID	入度	出度	度
li-wei-36-2-44	184	0	184
yin-zi-yi-52	99	4	103
haotoufa	102	0	102
tou-fa-ke	65	2	67
binghan	60	0	60
zhang-shuai-47-80	59	0	59
pingcejun	36	1	37
geng-mei-suo-chang	36	1	37
xia-ji-ji-28	33	2	35
wang-chuan-kai-67	32	0	32
⋮	⋮	⋮	⋮
lu-de-wei-xi-wang-cai	0	1	1

总体来看，“女性脱发”话题社会网络节点点度中心度十分不均衡，部分用户入度中心度很大，而出度中心度却为 0，或者出度中心度很高入度中心度为 0。综合分析，仅用点度中心度无法准确地识别出话题讨论中的意见领袖，在识别意见领袖时应结合其他指标。

2. 中间中心度分析

如果一个点具有较高的中间中心度，则该点占据了重要的中介位置，有较多的点需要通过它才能进行交往，该点起到了沟通其他点的桥梁作用。中间中心度高的用户信息控制能力强，对其他用户的影响力较大。表 7-3 为运用 Gephi 软件分析的“女性脱发”话题相关数据的中间中心度数据，采用降序排列。

表 7-3　“女性脱发”话题社会网络中间中心度分析

ID	中间中心度
yin-zi-yi-52	564
tou-fa-ke	536.5
yu-hai-chen-28-22	399.5
ting-yi-jun-58	310.5
yi-dan-76-89	288
zhou-zong-gui-45	205
xia-ji-ji-28	180.5
nong-nong-yo-64	165
naitangpai	152
mei-ri-ren-wu	150
⋮	⋮
lu-de-wei-xi-wang-cai	0

热点话题“女性脱发”的社会网络中节点的中间中心度数值超过 100 的有 10 个。这 10 个用户的中间中心度总和为 2951，占全部用户中间中心度总和的 71%，说明这些用户在很大程度上控制了话题内信息的传播扩散。与此同时，中间中心度低于 10 的用户有 993 个，绝大部分用户在信息获取和发布上较大程度依赖关键用户。

综上所述，女性脱发话题中，部分关键用户控制信息的传播扩散，失去这些关键用户，对信息传播的效率和路径影响较大。从表 7-2 中可以看出，在女性脱发这一话题网络中，用户“yin-zi-yi-52”“tou-fa-ke”“yu-hai-chen-28-22”和“ting-yi-jun-58”的中间中心度较高，这些用户处于社交网络的中介地位，是信息传播扩散过程中起关键作用的用户，对其他用户的相互交流起到促进作用，其他用户对这几个用户的依赖性比较大。理论上，中间中心度值高的节点，称为意见领袖的可能性也大，故本章也将其作为识别意见领袖的指标之一。

7.3.3　话题意见领袖识别

从上述分析结果可以看出，点度中心度和中间中心度排名靠前的用户存在着大量重合，考虑到二者在意见领袖识别中的重要性，我们将点度中心度与中间中心度均靠前的用户作为“女性脱发”话题的意见领袖，共选出 15 名用户，如表 7-4 所示。

在合并过程中发现，部分点度中心度排名靠前的用户被筛选掉，究其原因发现，这部分用户虽然入度中心度很高，但中间中心度和出度中心度均为 0，说明其在信息接收和信息控制方面能力较弱，未被识别为意见领袖。而筛选出的 15 名用户，入度、出度中心度和中间中心度均较高，避免了“高点入度，低点出度”的情况出现，可作为意见领袖。由表 7-4 可以看出，用户“yin-zi-yi-52”和“tou-fa-ke”的点度中心度和中间中心度均很高，说明这两名意见领袖与其他用户建立了普遍的联系，拥有较大的权力，起到了沟通其他点的中介作用，有较强的信息交易能力和信息控制能力。

表 7-4　“女性脱发”话题社会网络关键节点

ID	点度中心度	排名	中间中心度	排名
yin-zi-yi-52	103	2	564	1
tou-fa-ke	67	4	536.5	2
yu-hai-chen-28-22	25	17	399.5	3
zhou-zong-gui-45	11	39	205	6
xia-ji-ji-28	35	9	180.5	7
naitangpai	21	21	152	9
mei-ri-ren-wu	31	12	150	10
zhouqian2015	28	13	82	11
ying-ren	11	37	68	12
geng-mei-suo-chang	37	8	56	15
pingcejun	37	7	50.5	17
fandaidai	13	32	50.5	18
kellyk-92	24	20	48	20
shi-yao-ye-bu-zhi-dao-de-wang-you	12	35	30	24
haotoufaanling	14	29	25	26

7.4　意见领袖特征分析

经过上述的分析处理，我们从“女性脱发”热点话题的 3335 个用户中找到了 15 个意见领袖。知乎平台提供了这 15 名用户的相关信息，包括用户名、住址、教育经历、职业、回答数、提问数、文章数、想法数、赞同数、感谢数、收藏数、受关注数、关注数、知乎日报收录数、关注的问题数、关注的话题数，经过统计分析，我们尝试挖掘出网络平台中意见领袖的特征。为了保护用户隐私，本章后续内容将采用 User-A，User-B，…，User-O 表示这 15 名用户。

1. 意见领袖的个人背景特征

1) 基本信息

识别出的 15 位意见领袖中 13 位填写了性别，其中女性 8 位，男性 5 位，说明“女性脱发”话题下女性的话语权略高于男性。从已填写住址的 11 位意见领袖来看，3 位居住在深圳，2 位居住在北京，济南、武汉、上海、广州、长沙、西安各 1 位，对照《2018 年城市分级》，7 位居住在一线城市，2 位居住在准一线城市，2 位居住在二线强城市。故从地理位置上看，意见领袖绝大部分居于一线、准一线城市，这可能与一线、准一线城市经济发达、信息传递速度快、教育医疗资源好等因素有关。

2) 社会特征

社交平台中用户的社会特征一定程度上影响了其回答的方向与质量，而社会身份又是知乎用户建立信任和扩大影响力的一大因素。因此，我们将从教育经历与工作经历两方面对意见领袖具备的特征进行分析。

教育经历方面来看，上述的 15 名意见领袖中，中心度综合最高的 User-A 毕业于山东大学临床医学专业，第二高的 User-B 毕业于武汉大学临床医学专业。剩余的意见领袖如 User-C 是生物工程专业，User-D 是临床医学专业，User-H 是临床医学专业硕士，User-K 为硕士学历，User-M 毕业于香港科技大学，User-N 毕业于西安交通大学。整体来看，女性脱发话题意见领袖绝大多数为本科及以上学历，临床医学专业居多，这些意见领袖具备较高的教育水平和专业知识水平，发布信息的质量更高，更容易获得关注与赞同，逐渐积累影响力与信任度。

从 15 位意见领袖的工作经历来看，13 位意见领袖公布了自己的职业。其中，User-A 与 User-D 就职于某植发医疗连锁机构，User-B 就职于另一个植发医疗连锁机构，User-C 是某脱发科普网站站长，而且这四位意见领袖居于意见领袖中心性排名前四位。User-H 是某医院的外科医师，User-N 在食品药品监督管理局工作，User-J 是北京某公司工作人员。User-E 与 User-K 是美妆时尚博主，User-F 是某品牌创始人，User-I 是个互联网博主。User-G 是某文化娱乐机构网站的知乎账号，User-L 是某评测组织。总体来看，意见领袖从事的行业基本分布在医疗、美容等与女性脱发这一话题存在着一定关系的行业。意见领袖凭借自身知识和经验占据信息优势，创造专业全面的回答内容，为自身吸引追随者。

综上，从社会特征来看，问答社区中意见领袖受教育水平高、具备专业知识经验，知识精英、行业翘楚更容易成为问答社区中的意见领袖。

2. 意见领袖个人行为特征

本节对 15 个意见领袖的个人行为特征分析将从信息产出、信息获取、信息扩散三方面展开，其中信息贡献是指意见领袖的内容创作与产出，包括回答、提问、想法、文章。信息获取是指意见领袖对其他用户、话题、问题的关注量。信息扩散是指意见领袖创作的内容的影响力，包括赞同、感谢、收藏、关注者、知乎日报收录数。

1)信息贡献

依据上述的信息贡献的定义，结合针对“女性脱发”话题识别出的 15 位意见领袖，我们对回答、提问、文章、想法四个方面统计了这些意见领袖的信息贡献，统计结果如表 7-5 所示。

观察表 7-5 可以发现，User-J 的回答数最多，达到了 660 个，User-N 的回答数最少，只有 37 个。15 位意见领袖的回答数的总数达到 3775 个，平均每位 251.67 个回答。15 位意见领袖的提问数量很低，文章数和想法数大小差异明显。在总贡献上，User-H 居于最高，User-N 贡献量最低，15 位意见领袖的总贡献量为 6918 个，平均每位 461.2 个。由数据可知，意见领袖在问答社区中非常活跃。而对比分析发现，15 位意见领袖的回答数均大于提问数，意见领袖不断地输出知识，但当信息交流达到一定程度时，他们将自己的疑问以问题形式提出，但问题数远小于其回答数，他们更倾向解决问题而不是提出问题。意见领袖的回答数总量高于其他三个，说明在问答社区中意见领袖的信息贡献以回答问题为主，辅以文章和想法。

表 7-5　“女性脱发”话题意见领袖信息贡献统计表

名称	回答	提问	文章	想法	总贡献量
User-A	183	1	14	4	202
User-B	263	0	92	13	368
User-C	335	0	95	9	439
User-D	154	0	0	0	154
User-E	362	7	26	119	514
User-F	86	8	25	181	300
User-G	378	13	536	6	933
User-H	436	16	129	1116	1697
User-I	380	6	202	37	625
User-J	660	1	164	0	825
User-K	72	0	23	3	98
User-L	254	5	162	53	474
User-M	49	0	0	1	50
User-N	37	0	6	0	43
User-O	126	4	57	9	196
总数	3775	61	1531	1551	6918
平均数	251.67	4.07	102.07	103.4	461.2

2) 信息获取

为了对 15 位意见领袖的信息获取途径进行分析，我们从意见领袖的关注数、关注的话题数和关注的问题数三个方面进行统计分析，统计结果如表 7-6 所示。从表 7-6 可以看出，User-I 关注的用户数、关注的话题数、关注的问题数均最多。而 User-N 关注的用户数、关注的话题数、关注的问题数均最少，意见领袖的关注数高低差异明显，说明意见领袖的兴趣范围、交友意向存在差异。平均每位意见领袖关注的用户数为 133，关注的话题数为 56.93，关注的问题数为 349.67。与信息贡献比，意见领袖的关注数少于贡献数。一般情况下，意见领袖有较为明显的信息贡献偏向，与同类用户互动较少，信息获取程度低。

表 7-6　“女性脱发”话题意见领袖信息获取统计表

名称	关注	关注的话题	关注的问题
User-A	21	12	196
User-B	37	28	275
User-C	42	15	341
User-D	7	26	178
User-E	137	0	65
User-F	486	45	333
User-G	27	33	394
User-H	159	43	542
User-I	808	433	1133
User-J	2	20	694
User-K	160	47	533
User-L	48	20	286
User-M	45	120	115
User-N	3	0	17
User-O	13	12	143
总数	1995	854	5245
平均数	133	56.93	349.67

3) 信息扩散

为了从信息扩散的角度对舆情领袖的特征进行分析，我们分别统计了 15 位意见领袖的赞同数、感谢数、收藏数、关注者数、知乎日报收录数，具体统计结果如表 7-7 所示。

表 7-7　“女性脱发”话题意见领袖信息扩散统计表

名称	赞同	感谢	收藏	关注者	知乎日报收录
User-A	22426	11112	47078	16324	3
User-B	90695	11219	52376	16497	1
User-C	2861	475	3581	1833	0
User-D	1802	1003	4327	1348	0
User-E	375665	97259	534266	175603	9
User-F	69323	17863	142329	57916	0
User-G	439969	25752	132700	125264	0
User-H	204394	31341	156966	95102	34
User-I	76618	19618	168143	39393	0
User-J	755,406	99639	322604	110458	0
User-K	29148	7775	46159	70748	1
User-L	188832	37921	247661	134352	0
User-M	1291	690	2810	805	0
User-N	3255	489	5528	1164	0
User-O	5280	720	3400	2045	0
总数	2266965	362876	1869928	848852	48
平均数	151131	24191.73	124661.87	56590.13	3.2

从表 7-7 中可以看出，User-J 获得的赞同数最高，达到了 755406 个，其获得的感谢数也居于最高，达到 99639 个。User-E 被收藏的数量最多，达到 534266 个，她的关注者数量也最多，175603 位用户关注着她。15 位意见领袖获得的赞同平均数为 151131，获得的感谢平均数为 24191.73，获得的收藏平均数为 124661.87，关注者数量平均数为 56590.13。其中有 5 位意见领袖的回答被知乎日报收录，说明其回答质量高，获得认可度高。总体来看，意见领袖在问答社区获得的关注度和认可度很高，在社区内积累了影响力，成为话题讨论中的权威，在信息扩散方面发挥重要作用。

将每位意见领袖的赞同数、感谢数、收藏数、关注者数的加和总量作为该意见领袖的认可数，与贡献数和关注者数对比分析，对比图如图 7-4 所示。

从三者的对比中可以发现，贡献量高的意见领袖，其收获的认可量高，吸引的关注者也多，故贡献量对意见领袖的认可度的贡献度最大。

综上所述，本节在对意见领袖识别的基础上，对其特征进行了分析，主要包括：个人背景特征和个人行为特征，其中个人背景特征包括用户的基本信息和社会特征，从地理位置上看，意见领袖绝大部分居于一线、准一线城市，这可能与一线、准一线城市经济发达、信息传递速度快、教育医疗资源好等因素有关。意见领袖行为特征从信息贡献、信息获取和信息扩散三个方面进行了统计分析，结果显示：从信息

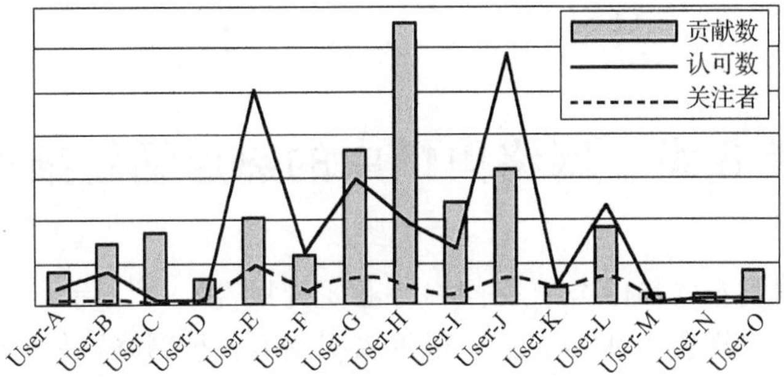

图 7-4　“女性脱发”话题意见领袖认可数、贡献数、关注者数对比分析图

贡献的角度，意见领袖的回答数总量高于其贡献数、认可数、关注者数，说明在问答社区中意见领袖的信息贡献以回答问题为主，辅以文章和想法；从信息获取的角度，意见领袖的关注数少于贡献数，信息获取程度较低；从信息扩散的角度，意见领袖的关注度和认可度很高，在社区内积累了影响力，成为话题讨论中的权威，在信息扩散方面发挥了重要作用。

7.5　本 章 小 结

本章在介绍网络舆情中意见领袖相关知识的基础上，运用 Python 从知乎平台中爬取了和“女性脱发”话题相关的所有用户，尝试运用社交网络分析的方法挖掘出意见领袖的特征。首先基于 Gephi 软件对数据进行社群分析，通过统计计算社群图中所有节点的网络密度、网络中心度、中间中心度，从 3335 个话题相关用户中识别出 15 名意见领袖；然后依据这 15 名意见领袖的个人主页，从个人背景特征和个人行为特征对意见领袖的特征进行了统计分析。其研究成果可为社交网络中意见领袖的识别提供理论基础。

本章的研究虽然取得了一定成果，但是在对意见领袖识别过程中仍然存在一些缺陷和不足。首先，关系数据的获取是困难所在。其次，受限于 Gephi 软件的数据分析，只采用中间中心度分析确定关键节点，没有进行凝聚子群、结构洞等分析。另外，本章的数据量较小，未来我们将尝试爬取更多的数据来进一步验证本章的研究成果。

第 8 章　网络舆情中的热点话题推荐

极光大数据发布《2019 年社交网络行业研究报告》[151]显示，截至 2019 年 2 月社交网络行业用户规模为 9.73 亿人。报告表明随着各种网络媒体的普及，用户量也出现逐年递增的趋势，信息量以前所未有的速度涌现，如何从海量信息中选择对用户而言有兴趣的信息显得额外重要。热点话题推荐的目的就是依据个性化推荐技术，对不同用户进行精准推荐，帮助用户迅速找到自己感兴趣的热点话题。

当前，热点话题推荐算法已经成为信息检索领域的研究分支之一，其目的就是在海量的互联网信息中找出用户感兴趣的话题并对用户进行推荐。精准的推荐可以帮助用户及时找到感兴趣的内容，并对其进行评论、转发、点赞等，促使信息在网络中迅速传播。此外，对企业而言，热点话题推荐可以根据不同企业的需求推荐不同内容的热点话题，使得企业更好地掌握行业的动态。故热点话题推荐具有广泛的应用范围和良好的研究价值。

热点话题推荐的直接理论基础是早期的推荐算法，1995 年 3 月，美国人工智能协会首次提出推荐系统一词[152]，此后几年个性化推荐技术得到了迅速发展。近年来，随着计算机及网络技术的快速发展，基于不同网络的个性化推荐显得尤为重要，除了上述的热点话题推荐外，还包括各种电商平台的精准推荐。本章在介绍个性化推荐基本理论的基础上，尝试采用集成思想，实现对热点话题的推荐研究。

8.1　个性化推荐相关研究

个性化推荐的研究起步较早，相关成果也比较多，从知网搜索与“个性化推荐”相关的文献，可以搜索到 8091 篇，图 8-1 为相关文献的发文量与时间分布关系图。从图中可以看出，对于个性化推荐的研究虽然是一个老问题，但是其热度并没有降低，呈明显上升趋势。分析相关度排序前 20 名的文献，可以发现当前对个性化推荐的研究主要是“老方法新应用”，即将传统的个性化推荐技术应用到新的场景，这些场景主要是和计算机网络相关的领域，包括电商平台、社交媒体、智慧图书馆等。

目前，常用的推荐技术主要有基于内容的推荐（C-Recommendation）、协同过滤技术（Collaborative Filtering，CF）和混合推荐（H-Recommendation）三种。

基于内容的推荐通过概率统计、机器学习和人工智能等相关技术对信息进行过滤，然后将信息和用户兴趣分别表示成向量的形式，通过向量的相似度计算进行信息和用户兴趣的匹配，进而实现对用户的个性化推荐[153]。基于内容的推荐系统适用于易于提取内容的推荐，但对于难以提取内容的商品(如电影、音乐等)，常得不到令人满意的推荐效果[154]。

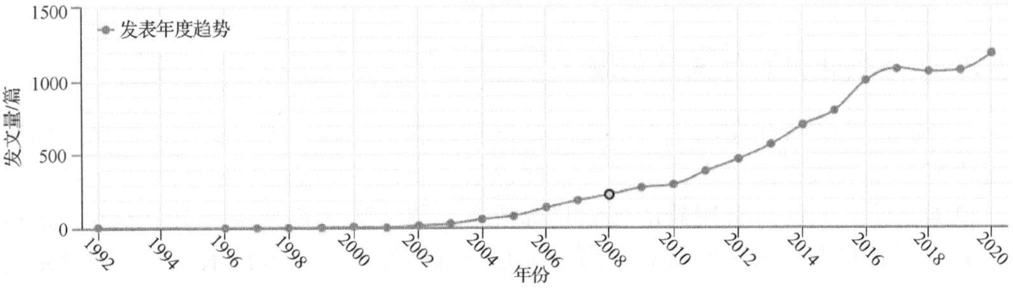

图 8-1 “个性化推荐”相关文献统计图

协同过滤推荐研究[155]起步于 20 世纪 90 年代开始，该推荐技术是推荐策略中比较成功的技术之一，它的出现有效地促进了推荐系统相关研究的发展。协同过滤技术能够为用户挖掘新的资源对象，对于某些内容特征难以提取的对象也能产生良好的推荐效果，解决了基于内容推荐存在的问题。但是，协同过滤技术存在打分稀疏性、冷启动和可扩展性差等问题。这是因为通常它所需的信息量很大，一般情况下，很难获得所有对象的所有相关信息，并且获得具有代表性的数据的难度也比较大，用户或项目的独特属性也很难被发现。

在个性化推荐研究中，上述两种为主流的推荐算法，实际上推荐算法还包括基于人口的统计学推荐、基于规则的推荐算法[156]，相关内容本章后续内容将会介绍。

当面对不同的条件时，基于内容的推荐、协同过滤推荐、基于人口统计学的推荐和基于规则的推荐算法都不可避免地面临不同的问题。为了得到更好的推荐性能，许多研究人员已考虑将不同的推荐算法结合起来形成混合推荐算法。例如，吴航[157]提出了融合用户信任和标签的协同过滤推荐算法，该方法较好地解决了协同过滤推荐算法的数据稀疏和冷启动问题，并实验验证了其推荐性能。一般情况下，采用混合推荐技术的系统可以实现比独立推荐系统更高的准确性。所以目前如何有效地结合各种推荐技术是当前学者们的主要研究方向，这也是本章研究内容的出发点。

上述研究成果并没有涉及热点话题推荐，当前对热点话题推荐的相关研究较少，从知网上搜索和“热点话题推荐”相关的文献，仅搜索到了 8 篇，其中文献[152]和[158]均是基于传统的推荐算法集合社交网络的特点展开热点话题推荐的研究。李倩倩在相关研究中根据微博的特点、话题的热度、微博发布者的特征、微博发布的事件信息等，提出了微博话题协同过滤推荐方法。张乘斐在考虑直接将朴素贝叶斯应用于热点话题推荐存在不足的基础上，依据社交网络的特点对朴素贝叶斯网络进行改进，提出了一个基于朴素贝叶斯分类的热点文本选择算法，实现社交网络中的热点话题推荐。

8.2　个性化推荐概述

8.2.1　个性化推荐的关键问题

当前，互联网存在的主要问题就是信息过载的问题，如何有效解决这个问题是研究者们一致关注的研究点之一。解决信息过载的方法主要有两种：一种是信息检索技术，即用户有明确的搜索目标或者意图，然后在搜索引擎中输入，最后搜索引擎返回用户相关的信息；另一种是信息推荐技术，该技术和第一种技术的不同点在于，用户并不明确自己要搜索什么信息或者如何表述自己要搜索的信息，这种情况下搜索就解决不了用户的需求问题，那么机器如何主动提供给用户可能需要的信息呢？这就是推荐技术要解决的问题。图 8-2 展示了个性化推荐系统涉及的关键问题。

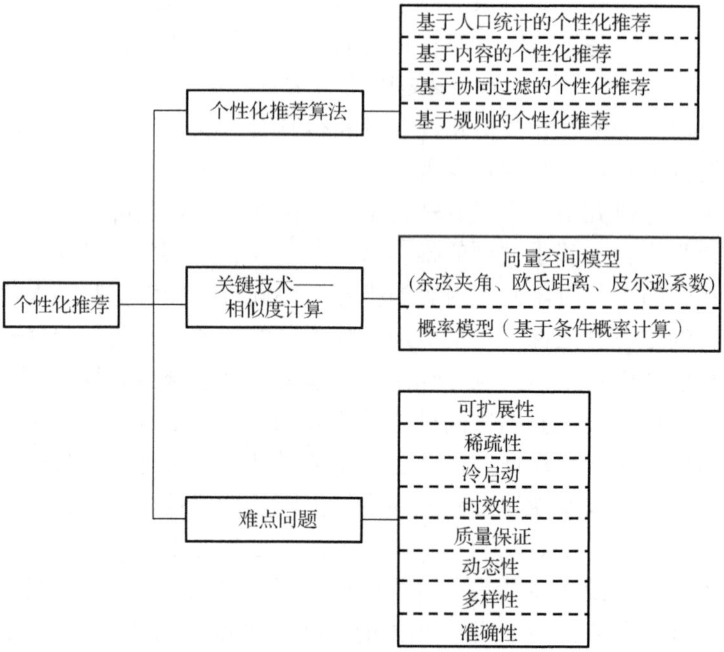

图 8-2　个性化推荐涉及的关键问题图示

从图 8-2 可以看出，个性化推荐的关键问题之一是相似度计算，对于用户 A，如果想给该用户推荐其感兴趣的信息，则首先获得用户的兴趣(兴趣挖掘)，然后计算待推荐信息和用户兴趣的相似度，当大于一定阈值时，该信息将会被推荐给用户 A，相似度推荐是个性化推荐的关键技术之一。此外，上图还列出了个性化推荐中存在的难点及亟须解决的问题。通过上述脉络图，可以帮助相关领域的研究者对个性化推荐有一个全面的认识，清晰地了解该技术要解决的问题。

8.2.2　个性化推荐方法

1. 基于人口统计学的个性化推荐

基于人口统计学的个性化推荐方法[159]依据用户的基本信息发现不同用户间的关联，然后依据这种关联关系将相似用户有兴趣的信息或物品推荐给当前用户，详细实现过程如图 8-3 所示。

观察图 8-3 可以发现，用户 A 和用户 C 的基本信息一致，故认为二者是相似用户，依据基于人口统计的个性化推荐的基本原理，因为用户 A 感兴趣的话题是话题 1 和话题 2，所以会将这两个话题推荐给用户 A 的相似用户——用户 B。该方法的优点是：①不存在冷启动问题，因为该方法不需要获得当前用户的历史兴趣数据；②该方法领域独立，因为其不依赖于信息本身的内容，仅依据信息所属用户的基本信息。其缺点也包括两点：①仅使用用户基本信息的方法过于简单，尤其对信息要求较高的领域，该方法性能欠佳；②对于用户的基本信息，有些信息不易于爬取，故进行实证研究困难。综上，对于基于人口统计的个性化统计方法一般适合于平台的新用户，因为这些用户只有基本信息，没有其他的历史记录。

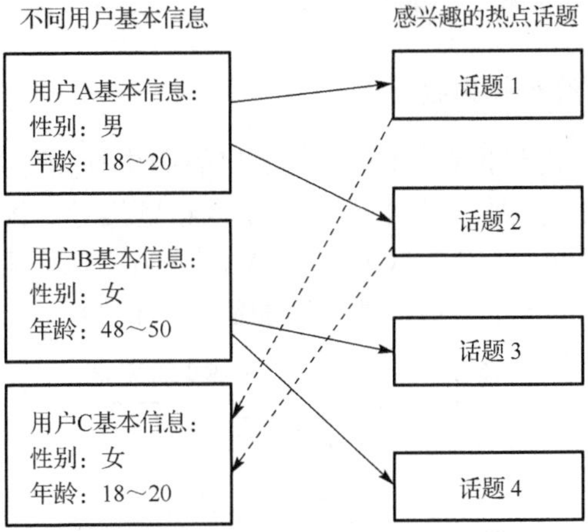

图 8-3　基于人口统计的个性化推荐示例

2. 基于内容的个性化推荐

基于内容的个性化推荐[160]的基本原理是将待推荐信息的内容和历史上用户感兴趣或关注过的信息进行对比，如果相似，则将待推荐信息推荐给用户。图 8-4 为该推荐算法的一个简单示例图。观察图 8-3 可以发现，用户 A 历史上感兴趣的话题为“2019 诺贝尔奖”和“无锡大桥倒塌”，故当出现新的报道“新华社调查无锡高架桥坍塌”时，系统依据基于内容推荐的基本原理，将会把该信息推荐给用户 A。

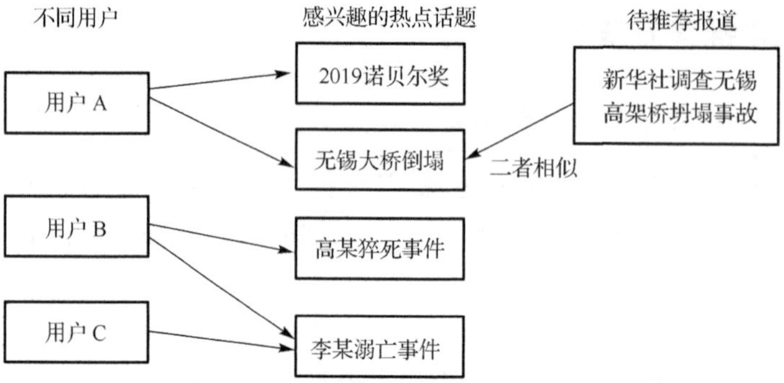

图 8-4　基于内容的个性化推荐示例

基于内容的个性化推荐比较直观，内容之间有着较高的关联性。当一个新的新闻话题出现时，若系统没有发现用户关注过该话题时，基于用户基本信息的统计推荐方法将不会把这个话题推荐给任何用户，而基于内容的推荐方法则可以通过内容相似度计算进行推荐，很好地解决了个性化推荐中的冷启动问题。该方法也存在一定的缺点，具体包括：①该方法需要对信息进行建模，模型的质量对推荐结果的影响较大；②内容相似性，仅考虑了信息本身的内容，没有融入用户的态度、情感等信息。

3. 基于协同过滤的个性化推荐

基于协同过滤的个性化推荐方法[161]将用户的历史行为作为分析对象，基于“行为相似的用户兴趣爱好也相似”的假设实现个性话题推荐，例如。假设用户 A 感兴趣的热点话题为“话题 1”，用户 B 和用户 A 的行为相似，则推荐系统将会把“话题 1”推荐给用户 B，图 8-5 为该推荐方法的简单示例图。

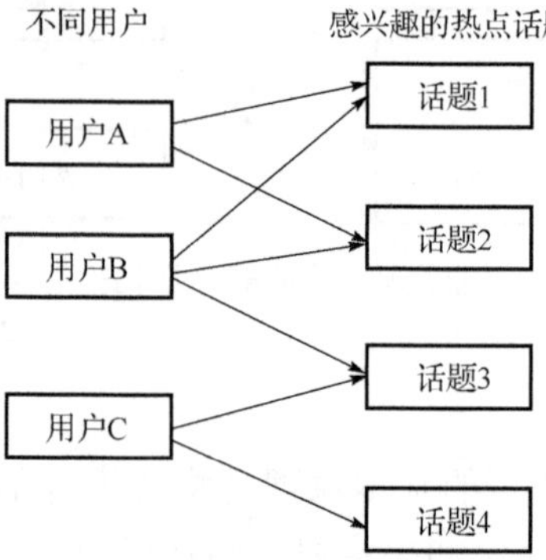

图 8-5　基于协同过滤的个性化推荐示例

观察上图可以发现用户 A 感兴趣的话题为：话题 1、话题 2，用户 B 感兴趣的话题为：话题 1、话题 2、话题 3，用户 C 感兴趣的话题为：话题 3、话题 4。另一方面，关注话题 1 的用户为：用户 A、用户 B，关注话题 2 的用户为：用户 A、用户 B，关注话题 3 的用户为：用户 B、用户 C，关注话题 4 的用户为：用户 C，根据上述信息可以建立用户的兴趣相似矩阵，如下表所示：

表 8-1　用户兴趣相似矩阵

	用户 A	用户 B	用户 C
用户 A	0	2	1
用户 B	2	0	1
用户 C	0	1	0

观察表 8-1 可以发现，用户 A 和用户 B 感兴趣话题的数量较多，故二者可以视为一个兴趣群，同一个兴趣群的用户感兴趣的信息类似，故基于协同过滤的思想，系统将会把用户 B 感兴趣的话题 3 推荐给用户 A。基于协同过滤的个性化推荐在寻找近邻时常用的方法为 K-最近邻算法，皮尔逊相关系数法。该方法适合于用户较少的场合，如果用户太多，计算量非常庞大，例如“豆瓣”中你可能喜欢的电影就是基于该方法实现的个性化推荐。

4. 基于规则的个性化推荐

基于规则的个性化推荐方法[162]的基本原理是建立一套行为规则进行推荐，例如依据相关信息建立了规则 $A \rightarrow B$，则在推荐系统中，凡是看过信息 A 的用户就会给他推荐信息 B。该方法的优点是可以通过规则，让用户发现新的兴趣点，而且对于该推荐方法，不需要了解太多的信息之间的关联知识，只需要依据规则进行推荐。其缺点就是创建一套完善的推荐规则比较困难，另外，由于该方法是基于规则实现，故不能做到真正意义上的个性化。

8.2.3　个性化推荐的评价指标

一个好的推荐系统对于各种网络平台来说都是至关重要的，好的推荐系统可以依据相关信息准确捕捉用户的兴趣爱好，帮助用户找到其喜欢但是又不知道如何表述需求的信息。那么如何评价一个推荐系统的好坏呢？就需要给出推荐系统的测评指标。常用的评价指标包括用户满意度、预测准确度、覆盖度、多样性、新颖性和惊喜度等。

1. 用户满意度

用户满意度是评价推荐系统性能优劣的重要指标，该指标一般通过对用户调查和在线收集获取。其中用户调查法常采用问卷调查的方式，为了达到较好的效果，问卷的设计要综合考虑多种因素，从多个侧面反映用户的满意度；在线收集法通过用户的在线行为来衡量用户对推荐结果的满意程度，最为简单的行为反应是：用户阅读了系统推荐的信息，此时认为用户对推荐结果是满意的，稍微复杂的在线收集方法为：设计信息反馈窗口。以上两种方法是比较直接、传统的方法，随着人工智能技术的发展，推荐系统可依据用户的点击率、在某条信息的停留时间等，量化用户的喜好度，从而更为客观地评价用户对推荐系统的满意度。

2. 预测准确度

与上述的满意度指标相比，预测准确度更为重要，该指标是一个离线评价指标。该指标的计算需要有训练集和测试集，训练集用于训练预测模型，测试集用于检测预测的性能。预测准确度的评价指标为查准率(Precision)和查全率(Recall)，两个指标的计算方法如下：

$$\text{Precision} = \frac{\sum_{u\in U} |R(u)\cap T(u)|}{\sum_{u\in U} |R(u))|} \tag{8-1}$$

$$\text{Recall} = \frac{\sum_{u\in U} |R(u)\cap T(u)|}{\sum_{u\in U} |T(u)|} \tag{8-2}$$

其中，$R(u)$是依据训练集上用户的行为给出的推荐结果，$T(u)$是依据预测模型在测试集中得到的推荐列表。

3. 覆盖率

覆盖率是一个可以量化的评价指标，一般情况下，覆盖率是指推荐系统为所有用户推荐的信息量占信息总量的比例。假设系统涉及的用户总量为集合U，任意用户$u \in U$，系统为用户u推荐的信息量为$R(u)$，系统涉及的信息总量为I，则覆盖率Coverage的计算公式为：

$$\text{Coverage} = \frac{\bigcup_{u\in U} R(u)}{|I|} \tag{8-3}$$

4. 多样性

理论上，一个用户一般有多个兴趣，如果推荐系统以单一的模式进行信息推送，而在某个时间点用户感兴趣的并非是该类信息，则用户满意度就会降低。好的推荐系统应该能依据数据挖掘方法对用户进行多兴趣挖掘，使得信息推荐列表能覆盖用户的多个兴趣。多样性的量化计算公式如下：

$$\text{Diversity}(R(u)) = 1 - \frac{\sum_{i,j \in R(u), i \neq j} s(i,j)}{\frac{1}{2}|R(u)|(|R(u)|-1)} \tag{8-4}$$

其中，$R(u)$ 是系统为用户 u 推荐的信息，$s(i,j) \in [0,1]$ 为信息 i 和 j 之间的相似度。系统的多样性为所有用户信息推荐多样性的平均值，计算方法如下：

$$\text{Diversity} = \frac{1}{|U|}\sum_{u \in U} \text{Diversity}(R(u)) \tag{8-5}$$

5. 新颖性和惊喜度

新颖性和惊喜度是两个相似而又不同的评价指标，相似的地方是二者均在一定程度上“突破常规”，不同的地方是：新颖性强调“新”，即用户是否听说过这个推荐的信息，如果没有听说过，则系统实现了新颖性的目的；而惊喜度强调的不只是“新”，是在“新”的基础上还满意。

新颖性一般采用如下方法度量：①信息的冷门程度；②信息的出现时间；③信息和用户兴趣的偏离度。惊喜度实现的难度较大，该指标需要将“新”和“满意”二者结合进行度量，在未来的研究中可以尝试通过将新颖度的评价指标和满意度的评价指标融合，实现对惊喜度的有效度量。

推荐系统除了考虑上述几种评价指标外，常常还需要考虑具体的评价维度，常用的评价维度为用户维度、信息维度和时间维度。用户维度主要考虑用户的相关信息，包括基本属性信息、活跃度等；信息维度用于度量信息的相关属性，包括信息的流行程度、推荐频度、发布时间等；时间维度是推荐信息或者用户和时间相关的内容，对信息而言涉及信息的发布时间，对用户而言，涉及用户的阅读喜好时间、信息停留时间等。

8.3 集成算法

在上述关于个性化推荐的相关研究中指出，多算法融合的集成研究是一个很好的研究方向，本章将要提出的热点话题推荐方法就属于集成推荐。集成学习是机器学习的主要研究方向之一，和仅通过训练集就构造一个学习器的传统方法不同，集成学习试图构造一个分类器的集合，并采用一定的方式结合集合中的个体分类器进行输出。集成算法通过融合不同学习器的准确性和差异，可有效提高集成的泛化能力。在实际应用中，构造一个集成算法的成本并不比单一算法成本高，故集成学习得到广泛的应用。目前常用的集成学习算法有三种：Bagging、Boosting、Stacking。

8.3.1 Bagging

Bagging 算法[163]，又称为袋装算法，是一种并行式学习算法，是机器学习领域的一种并行式学习算法。在该算法中，由于使用自助采样的方法产生新的训练子集，一些实例会被多次采样，而其他实例则会被忽略。因此，对于特定的子空间，个体分类器可能会有较高的分类精度，而对于那些被忽略的部分，个体分类器却难以达到准确的分类。为避免该问题，Bagging 算法的最终预测结果不是由一个个体分类器产生，而是由多个体分类器投票产生。综上，当个体学习器效果越好，且不同个体分类器差异越大时，该集成算法的效果就越好。Bagging 算法的实现流程如图 8-6 所示。

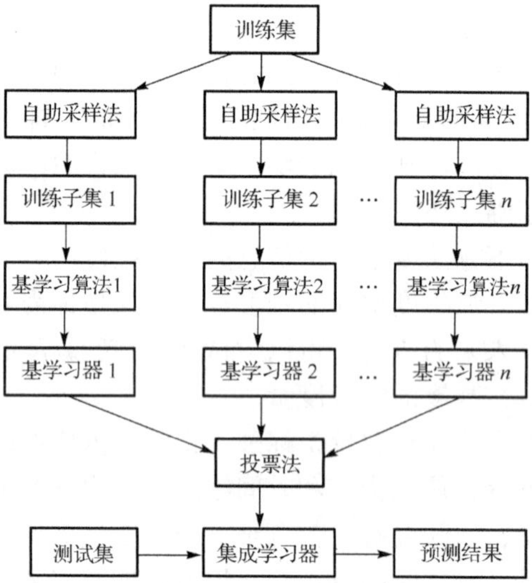

图 8-6　Bagging 算法流程图

随机森林算法是 Bagging 算法的改进，它以决策树作为基分类器构建 Bagging，除了通过对初始训练集重采样进行样本扰动外，还进行了属性扰动，即在基决策树的构造过程中，通过从每个节点的属性集合中随机选择一部分样本属性来决定该节点的最优划分属性，进一步增强了模型的泛化能力。这两个随机性的引入，使得随机森林算法具有很好的抗干扰能力，且有效避免了过拟合问题的出现。

8.3.2 Boosting

Boosting 算法[164]是一种将弱学习器转换为强学习器的迭代方法，它通过增加迭代次数，产生一个表现接近完美的强学习器。在这里，弱学习器是指分类效果比随机猜测稍好的学习器，即分类准确率略高于 50%。Boosting 算法的实现流程如图 8-7 所示。

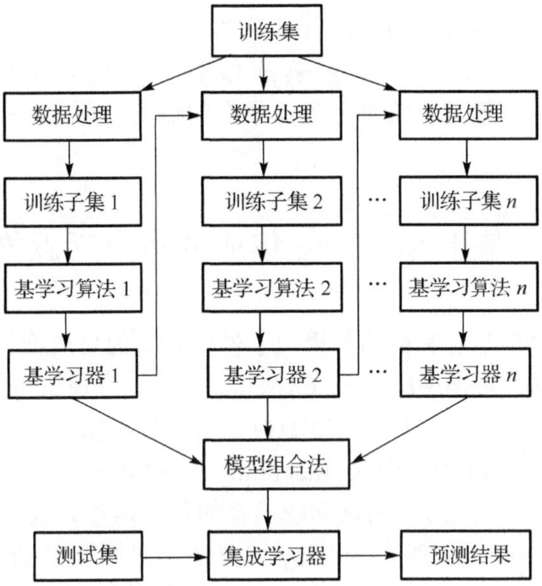

图 8-7　Boosting 算法流程图

8.3.3　Stacking

Stacking 是一种分层的结构[165]，具有较强的应用价值。Stacking 的基本思想是通过元分类器(第二层分类器)将不同的基分类器进行融合，将基分类器的输出(预测值)作为元分类器的输入并进行训练，进而得到更好的预测值。图 8-8 为两层 Stacking 的框架结构。

图 8-8 中第一层由多个基分类器(基分类器 1，基分类器 2，…，基分类器 n)组成，选择具备多样性的基分类器是 Stacking 的关键，不同基分类器的不一致性可有

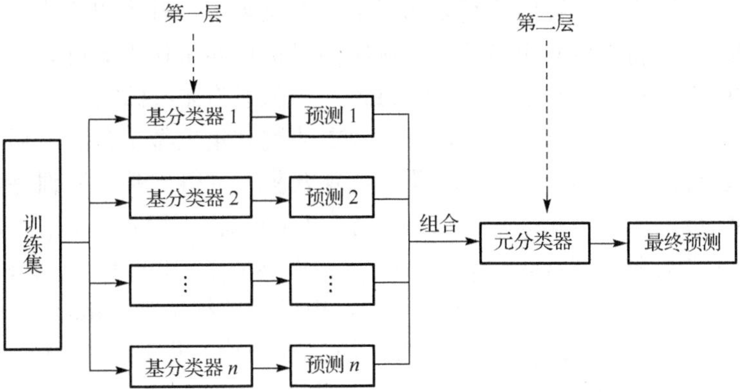

图 8-8　两层 Stacking 的框架结构

效增加集成学习的综合性能，故在进行基分类器选择时应坚持好而不同的原则[7]。第二层元分类器的生成多采用多响应线性回归方法(Multi-response Linear Regression，MLR)，即通过训练基分类器集合的输出，建立回归方程，进而做出最终的预测推荐。

8.4　基于 Stacking 集成的热点话题推荐

目前在国际上很多学者和机构都提出了性能强大的集成推荐算法，本章将选取四个性能较优的算法：极端梯度提升(eXtreme Gradient Boosting，XGB)、梯度提升树(Gradient Boosting Decision Tree，GBDT)、随机森林(Random Forest，RF)、轻型梯度提升(Light Gradient Boosting Machine，LGBM)作为基分类器，结合上述 Stacking 理论，提出一个应用于热点话题推荐的集成推荐算法。

GBDT 算法由 Friedman 等[165]提出，该算法通过损失函数的负梯度拟合来解决分类问题或回归问题；XGB 算法由 Chen 等[166]提出，该算法在代价函数中加入了正则项，简化了学习过程，有效避免了过度拟合的问题；RF 算法由 Breima 等[167]提出，该算法是对传统决策树算法的一种改进，依据自助重采样技术有放回地从训练集合中重复采样，形成新的训练集合，用于训练决策树。LGBM 由微软于 2017 年提出[168]，它提供了一个高效的框架，支持高效率的并行训练，可有效解决其他算法在进行海量数据处理时遇到的问题。

以上述四种算法为基算法，构成基分类器集合(即 Stacking 的第一层算法)，结合 Stacking 理论，本章提出一个集成算法，使新算法综合四种算法的优势，得到一个更为有效的热点话题集成推荐算法。

在算法的实现过程中，为充分应用实验数据，避免过拟合问题[169,170]的出现，对于每个基算法的训练，我们分别采用了五折交叉验证，基本思想为：针对某个基算法(例如 XGB)，将训练集分成五份，从中随机选出四份作为 train，一份作为 test，依据 XGB 算法，得到一个预测标签列 $\text{train}_{\text{XGB-1}}$ (假设有 k 个标签)。

同时用当前的四份 train 对原始数据集中的测试集也做出预测，假设预测值为 $\text{test}_{\text{XGB-1}}$ (假设有 m 个标签)。将上述操作重复五次，可得到基于原训练集的五个预测标签列 $\text{P-train}_{\text{XGB-1}}$，$\text{P-train}_{\text{XGB-2}}$，$\text{P-train}_{\text{XGB-3}}$，$\text{P-train}_{\text{XGB-4}}$，和 $\text{P-train}_{\text{XGB-5}}$，基于原测试集的五个预测标签列 $\text{P-test}_{\text{XGB-1}}$，$\text{P-test}_{\text{XGB-2}}$，$\text{P-test}_{\text{XGB-3}}$，$\text{P-test}_{\text{XGB-4}}$，$\text{P-test}_{\text{XGB-5}}$。将 $\text{P-train}_{\text{XGB-}i}$ $(i=1,2,3,4,5)$ 纵向列拼接为一列，得到新的标签列 $\text{P-train}_{\text{XGB}}$ ($5\times k$ 行)，表示为式(8-6)。将 $\text{P-test}_{\text{XGB-}i}$ $(i=1,2,3,4,5)$ 加权求平均，得到一个 m 行的新标签列 $\text{P-test}_{\text{XGB}}$，如式(8-7)所示：

$$\text{P-train}_{\text{XGB}}=\begin{pmatrix}\text{P-train}_{\text{XGB-1}}\\ \text{P-train}_{\text{XGB-2}}\\ \text{P-train}_{\text{XGB-3}}\\ \text{P-train}_{\text{XGB-4}}\\ \text{P-train}_{\text{XGB-5}}\end{pmatrix}=\begin{pmatrix}t_{\text{XGB-1}}\\ t_{\text{XGB-2}}\\ \vdots\\ t_{\text{XGB-5}k}\end{pmatrix} \tag{8-6}$$

$$\text{P-test}_{\text{XGB}}=\frac{\sum_{i=1}^{5}\alpha_i\text{P-test}_{\text{XGB-}i}}{\sum_{i=1}^{5}\alpha_i}=\begin{pmatrix}p_{\text{XGB-1}}\\ p_{\text{XGB-2}}\\ \vdots\\ p_{\text{XGB-}m}\end{pmatrix} \tag{8-7}$$

上述过程可图示化为图 8-9，图 8-9 中上半部分针对的是原数据集中训练集的操作，train-i 表示把 train 随机分成 5 份，经过上述操作后生成一个一列、$5\times k$ 行的基于原训练集的预测标签列 $\text{P-train}_{\text{XGB}}$。下半部分为针对原数据集中测试集的操作，最终得到一个一列、m 行的标签列 $\text{P-test}_{\text{XGB}}$。

其余三种基算法 GBDT、RF、LGBM 重复 XGB 算法的操作，可分别得到基于原训练集的预测标签列 $\text{P-train}_{\text{GBDT}}$，$\text{P-train}_{\text{RF}}$，$\text{P-train}_{\text{LGBM}}$，基于原测试集的预测标签列 $\text{P-test}_{\text{GBDT}}$，$\text{P-test}_{\text{RF}}$，$\text{P-test}_{\text{LGBM}}$。依据每个基分类器得到的结果，最终得到适用于第二层分类器的新的训练集合测试集，表示为：

$$\begin{aligned}\text{new-train}:&\begin{pmatrix}t_{\text{XGB-1}}\\ t_{\text{XGB-2}}\\ \vdots\\ t_{\text{XGB-}5k}\end{pmatrix}\begin{pmatrix}t_{\text{GBDT-1}}\\ t_{\text{GBDT-2}}\\ \vdots\\ t_{\text{GBDT-}5k}\end{pmatrix}\begin{pmatrix}t_{\text{RF-1}}\\ t_{\text{RF-2}}\\ \vdots\\ t_{\text{RF-}5k}\end{pmatrix}\begin{pmatrix}t_{\text{LGBM-1}}\\ t_{\text{LGBM-2}}\\ \vdots\\ t_{\text{LGBM-}5k}\end{pmatrix}\\ &=\begin{pmatrix}t_{\text{XGB-1}} & t_{\text{GBDT-1}} & t_{\text{RF-1}} & t_{\text{LGBM-1}}\\ t_{\text{XGB-2}} & t_{\text{GBDT-2}} & t_{\text{RF-2}} & t_{\text{LGBM-2}}\\ \vdots & \vdots & \vdots & \vdots\\ t_{\text{XGB-}5k} & t_{\text{GBDT-}5k} & t_{\text{RF-}5k} & t_{\text{LGBM-}5k}\end{pmatrix}\end{aligned} \tag{8-8}$$

$$\begin{aligned}\text{new-test}:&\begin{pmatrix}p_{\text{XGB-1}}\\ p_{\text{XGB-2}}\\ \vdots\\ p_{\text{XGB-}m}\end{pmatrix}\begin{pmatrix}p_{\text{GBDT-1}}\\ p_{\text{GBDT-2}}\\ \vdots\\ p_{\text{GBDT-}m}\end{pmatrix}\begin{pmatrix}p_{\text{RF-1}}\\ p_{\text{RF-2}}\\ \vdots\\ p_{\text{RF-}m}\end{pmatrix}\begin{pmatrix}p_{\text{LGBM-1}}\\ p_{\text{LGBM-2}}\\ \vdots\\ p_{\text{LGBM-}m}\end{pmatrix}\\ &=\begin{pmatrix}p_{\text{XGB-1}} & p_{\text{GBDT-1}} & p_{\text{RF-1}} & p_{\text{LGBM-1}}\\ p_{\text{XGB-2}} & p_{\text{GBDT-2}} & p_{\text{RF-2}} & p_{\text{LGBM-2}}\\ \vdots & \vdots & \vdots & \vdots\\ p_{\text{XGB-}m} & p_{\text{GBDT-}m} & p_{\text{RF-}m} & p_{\text{LGBM-}m}\end{pmatrix}\end{aligned} \tag{8-9}$$

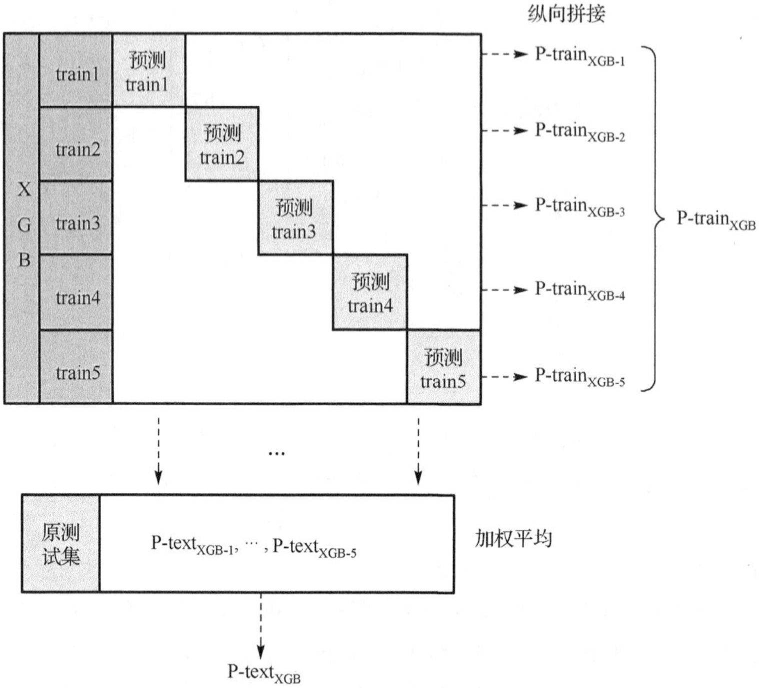

图 8-9　XGB 基于五折交叉检验的标签列生成

new-train 和 new-test 作为第一层的输出将分别作为第二层元分类器的训练集合测试集，通过训练集 new-train 回归方程，并对测试集合 new-test 做出预测。综上，我们提出的集成推荐算法可描述为表 8-2。

上述算法中 $M=4$ 表示我们提出的集成算法的基分类器是四个，即 XGB、GBDT、RF、LGBM，$H(x)$ 为最终的集成推荐，其推荐结果由四个基分类器的推荐结果 $h_1(x),h_2(x),h_3(x),h_4(x)$ 集成获得。

8.5　实 证 研 究

依据小型测试集合的构建方法,我们构建了一个符合实验需求的小型测试集合。首先采用网络爬虫工具爬取了 661845 条新浪微博,所爬数据包括:微博的文本内容，微博的发布时间，微博用户及其关注的用户。然后在原始数据的基础上参照 TREC 的评测要求做出以下预处理：①去除已失效或不存在的微博；②去除长度小于 40 个字符的微博；③将微博中的繁体字转化为简体字。从中抽出 100 个话题，尝试对爬取用户中的 10 个用户进行不同情况下的推荐，分别是单独的 XGB、GBDT、RF、LGBM 算法和四者基于 Stacking 的集成算法，对于实验结果我们通过计算它们的 AUC 值进行性能比较。

表 8-2　基于 Stacking 的热点话题集成推荐算法

算法描述

输入：Original data set : $T=\{(x_i,y_i)\}_{i=1}^{N}$，其中 $x_i\in X\subseteq R^n, y_i\in y=\{-1,+1\}$，

Four base classification algorithms : $G_{i(i=1,2,3,4)}=\{G_m(x)\}_{m=1}^{M}$

Fusion prediction algorithm : ς

Original data training set : D

输出：Final classifier : $H(x)$

function Stacking(T, G_i, ς)

　for m = 1 to M do

　　$h_m = G_m(T)$

　end for

　$D' = \varnothing$

　for $i = 1$ to N do

　　for $m = 1$ to N do

　　　$z_{im} = h_m(x)$

　　end for

　　$D' = D' \cup ((z_{i1}, z_{i2}, z_{i3}, \cdots, z_{iM}), y_i) = D' \cup (z_i, y_i)$

　end for

　$h' = \varsigma(D')$

　$H(x) = h'(h_1(x), h_2(x), h_3(x), \cdots, h_M(x))$

end function

AUC 值的计算通常依据 ROC 曲线构成的曲线下面积计算，该曲线依据伪阳率(false positive rate)和真阳率(true positive rate)绘制，这两个指标的计算公式为[170]：

$$\mathrm{TPR}=\frac{\mathrm{TP}}{\mathrm{TP}+\mathrm{FN}} \tag{8-10}$$

$$\mathrm{FPR}=\frac{\mathrm{FP}}{\mathrm{FP}+\mathrm{TN}} \tag{8-11}$$

其中，TP 表示正确分类的正例数目，FN 表示错误分类的负例数目(即把负例预测为正例)，TP + FN 表示实际正例的数目。FP 表示错误分类的正例数目，TN 表示正确分类的负例数目，FP + TN 表示实际负例的数目。

依据上述公式可以计算出某个算法在不同阈值下的真阳率和伪阳率，将不同阈值下的真阳率、伪阳率值对连线即可得到 ROC 曲线。ROC 曲线的横轴为伪阳率，纵轴为真阳率，相同伪阳率下，最上面曲线对应算法的真阳率最高，故其性能较好，但有的时候两种算法的 ROC 曲线会有交叉、叠加。为了有效地量化不同算法的性能，可通过计算 ROC 曲线下的面积，即 AUC 值进行比较。

实验部分将采用 ROC 曲线和 AUC 值作为评价标准，比较四种基算法(XGB，GBDT，RF，LGBM)和新的集成算法(New Stacking Algorithm)的性能。AUC 值的大小决定分类性能的优劣，其值越大，分类性能越好。

当 AUC=1 时，性能最优，此时的分类器为完美分类器，这是理想状态，因为不存

在完美的分类器；

当 AUC=0.5 时，分类器相当于随机猜测，没有预测价值；

当 0.5<AUC<1 时，分类器的性能优于随机预测，具有一定的预测价值；

当 AUC<0.5 时，分类器性能比随机预测还差，没有预测价值。

图 8-10 为四种基算法(XGB，GBDT，RF，LGBM)和新的集成算法(New Stacking Algorithm)的 ROC 曲线比较，观察图 8-10 可以发现，我们提出的新的集成算法的 ROC 曲线最靠上，即真阳率最高，故其性能最好。通过计算五种算法的 ROC 曲线下面积得到了各自的 AUC 值，比较结果如图 8-11 所示。图 8-11 中横轴表示 AUC 值，纵轴表示不同算法，从图中可以看到，五种算法的 AUC 值均大于 0.5，即性能均优于随机分类器，但是集成后的新算法的 AUC 值可达 0.8，与其他四种算法相比，AUC 值最大提高 15%(和 RF 算法对比)，得到了较好的推荐效果。

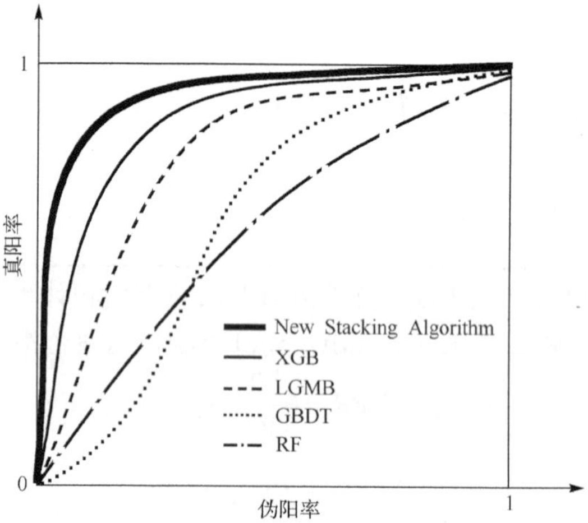

图 8-10　五种算法的 ROC 曲线

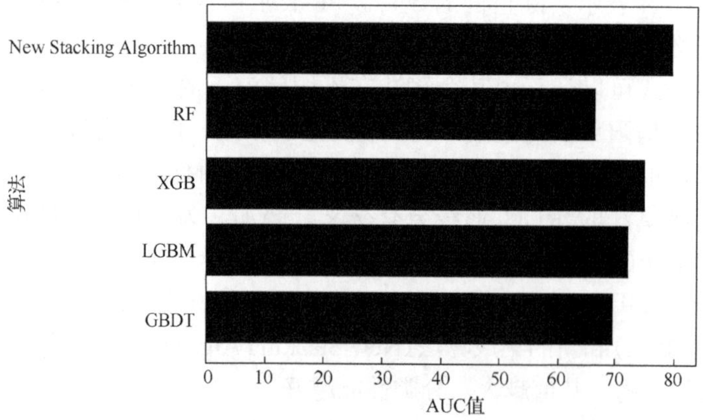

图 8-11　不同算法的 AUC 值比较

8.6 本 章 小 结

本章以 Stacking 框架为基础，将四种推荐算法集成，提出一个更为有效的集成推荐算法，以实现在网络平台中对用户进行精准的热点话题推荐，避免用户在面临海量信息时难以获得有效信息的问题，研究成果具有一定的应用价值。该算法虽然是针对网络舆情中的热点话题推荐提出，但也可应用于其他领域的个性化推荐。在未来的研究中，我们将继续围绕 Stacking 算法在网络舆情中的集成推荐做深入研究，研究内容包括：①Stacking 算法的缺点是比较耗时，采用一定的方法改进 Stacking，降低系统推荐的时间消耗。②为了达到更好的推荐效果，除了算法本身外，还有数据的特征抽取，好的特征描述也可提高推荐的准确率，未来我们将对网络平台中的数据处理继续做深入研究。

参 考 文 献

[1] 祝华新, 廖灿亮, 潘宇峰. 2018 年中国互联网舆论分析报告[R]//2019 年中国社会形势分析与预测. 北京: 社会科学文献出版社.

[2] 卢伏龙. 网络舆情: 民意的晴雨表[EB/OL]. 大河网: http: //www.dahe.cn/xwzx/txsy/wyfy/t20090707_ 1596999.htm.

[3] 和讯网. 舆情培训——什么是网络舆情[EB/OL]. http: //yuqing.hexun.com/ 2013-04-03/152808545.html.

[4] 刘毅. 网络舆情研究概率 [M]. 天津: 天津人民出版社.

[5] 李昊青, 兰月新, 候晓娜, 等. 网络舆情管理的理论基础研究[J]. 现代情报, 2015, 35(5): 25-29.

[6] 全国人民代表大会常务委员会. 中华人民共和国网络安全法[Z]. 2016.

[7] 民进河北省委. 依法监督和管理网络舆情, 防范社会危机[J]. 民主, 2012(3): 10-11.

[8] 张磊. 基于生命周期的网络舆情危机管理知识集成研究[J]. 情报杂志, 2015, 34(10): 101-105.

[9] 陈忆金, 曹树金, 陈少驰, 等. 网络舆情信息监测研究进展[J]. 图书情报知识, 2011, (6): 41-49.

[10] 谢海光, 陈中润. 互联网内容及舆情深度分析模式[J]. 中国青年政治学院学报, 2006, (6): 95-100.

[11] 付业勤. 旅游危机事件网络舆情研究: 构成、机理与管控[D]. 泉州: 华侨大学.

[12] 黄微, 李瑞, 孟佳林. 大数据环境下多媒体网络舆情传播要素及运行机理研究[J]. 图书情报工作, 2015, 59(21): 38-45.

[13] 徐敬宏, 李欲晓, 方滨兴, 等. 非常规突发事件中网络舆情的生成及管理[J]. 当代传播, 2010, (4): 42-43.

[14] 兰月新, 曾润喜. 突发事件网络舆情传播规律与预警阶段研究[J]. 情报杂志, 2013, (5): 16-19.

[15] 曹劲松. 网络舆情的发展规律[J]. 新闻与写作, 2017, (5): 45-47.

[16] 田卉, 柯惠新. 网络环境下的舆论形成模式及调控分析[J]. 现代传播(中国传媒大学学报), 2010, (1): 40-45.

[17] 谢耘耕, 荣婷. 微博舆论生成演变机制和舆论引导策略[J]. 现代传播(中国传媒大学学报), 2011, (5): 70-74.

[18] 谢科范, 赵湜, 陈刚, 等. 网络舆情突发事件的生命周期原理及集群决策研究[J]. 武汉理工大学学报, 2010, (4): 482-486.

[19] 顾明毅, 周忍伟. 网络舆情及社会性网络信息传播模式[J]. 新闻与传播研究, 2009, (5): 67-73.

[20] 李纲, 董琦. Web2.0 环境下企业网络舆情传播过程的研究及实证分析[J]. 情报科学, 2011, 12: 1810-1814.

[21] 李彪. 网络舆情传播阶段及阈值研究[J]. 国际新闻界, 2011, 10: 22-27.

[22] Barabasia F, Albert R. Emergence of scaling in random-networks[J]. Scierace, 1999, 286(5): 509-512.

[23] 李翔, 刘宗华, 汪秉宏. 网络传播动力学[J]. 复杂系统与复杂性科学, 2010, 7(3): 33-37.

[24] 陈璟浩, 李纲. 突发公共事件网络舆情在网络媒体中的传播过程[J]. 图书情报知识, 2014, 1: 116-123.

[25] 唐涛. 基于情报科学方法的网络舆情监测研究[J]. 情报科学, 2014, 32(1): 124-128.

[26] Allan J, R Papka, Lavrenko V. On-line new event detection and tracking[C]. The 21st Annual International ACM SIGIR Conference on Research and Development in Information Retrieval, New York: ACM, 1998: 37-75.

[27] 孙建国. 网络舆论的预警与安全研究[D]. 重庆: 重庆大学.

[28] 黄鸣刚. 公共危机中的网络舆论预警研究——以浙江省为例[M]. 北京: 中国广播电视出版社, 2009.

[29] 郝楠, 冯晶, 高媛. 基于模糊综合评价的网络舆情预警方法研究[J]. 重庆理工大学学报(自然科学版), 2019, 33(8): 227-231.

[30] 洪宇, 仓玉, 姚建民. 话题追踪中静态和动态话题模型的核捕捉衰减[J]. 软件学报, 2012, 23(5): 1100-1119.

[31] Carbonell J, Yang Y, Lafferty J, et al. CMU report on TDT: Segmentation, detection and tracking[C]. Proceedings of the DARPA Broadcast News Transcription and Understanding Workshop, San Francisco: Morgan Kauffman, 1999: 117-120.

[32] Papka R. Online New Event Detection, Clustering and Tracking[D]. Cambridge: Massachusetts Institute of Technology, 1999.

[33] Yang Y, Carbonell J, Jin C. Topic conditioned novelty detection[C]. Proceedings of the 8th ACM SIGKDD International Conference on Knowledge Discovery and Data Mining, New York: ACM Press, 2002: 688-693.

[34] Brants T, Chen F, Farahat A. A system for new event detection[C]. Proceedings of the 26th SIGIR Conference on Research and Development in Information Retrieval, New York: ACM, 2003: 330-337.

[35] Mirza P. Extracting temporal and causal relations between events[C]. Proceedings of the 52nd

Annual Meeting of the Association for Computational Linguistics, Maryland, USA, 2014: 10-17.

[36] Kimura M, Saito K, Ohara K, et al. Opinion formation by voter model with temporal decay dynamics[J]. Machine Learning and Knowledge Discovery in Databases, 2012, 75(24): 565-580.

[37] Yang Y, Pierce T, Carbonell J. A study on retrospective and on-line event detection[C]. Proceedings of the 21st Annual International ACM SIGIR Conference on Research and Development in Information Retrieval, New York: ACM, 1998: 28-36.

[38] Cutting D R, Karger D R, Pedersen J O, et al. Scatter/gather: A cluster-based approach to browsing large document collections[C]. Proceedings of the 15th Annual International ACM SIGIR Conference on Research and Development in Information Retrieval, New York: ACM, 1992: 318-329.

[39] Trieschnigg D, Kraaij W. TNO hierarchical topic detection report at TDT2004[C]. The 7th Topic Detection and Tracking Conference. Maryland, USA: Conference Publication, 2004, 99(7): 1-8.

[40] Dai X Y, Chen Q C, Wang X L, et al. Online topic detection and tracking of financial news based on hierarchical clustering[C]. International Conference on Machine Learning and Computing, Shenzhen, 2010: 3341-3346.

[41] 马彬, 洪宇, 陆建江, 等. 基于线索树双层聚类的微博话题检测[J]. 中文信息学报, 2012, 26(6): 121-128.

[42] Zhang X M, Li Z J, Chao W H. Research of automatic topic detection based on incremental clustering[J]. Journal of Software, 2012, 23: 1578-1587.

[43] Pasupat P, Liang P. Zero-shot entity extraction from web pages[C]. Proceedings of the 52nd Annual Meeting of the Association for Computational Linguistics, Maryland, USA, 2014: 391-401.

[44] 刘素芹, 柴松. 命名实体的网络话题 K-means 动态检测方法[J]. 智能系统学报, 2010, 5(2): 122-126.

[45] 宋丹, 卫东, 陈英. 基于改进向量空间模型的话题识别追踪[J]. 计算机技术与发展, 2006, 9 (16): 62-67.

[46] 贾自艳, 何清, 张俊海, 等. 一种基于动态进化模型的事件探测和追踪算法[J]. 计算机研究与发展, 2004, 41 (7): 1273 -1280.

[47] 赵华, 赵铁军, 于浩, 等. 面向动态演化的话题识别研究[J]. 高技术通讯, 2006, 12 (16): 1230-1235.

[48] 金珠, 林鸿飞, 赵晶. 基于 HowNet 的话题追踪及倾向性分类研究[J]. 情报学报, 2005, 5 (24): 555-561.

[49] 丁媛媛. 基于时间序列的微博热点话题识别与追踪[D]. 西安: 西安科技大学, 2017.

[50] Bao L L, Wen J L, Qin L. Enhancing topic tracking with temporal information[C]. The 29th Annual International ACM SIGIR Conference on Research and Development in Information

Retrieval, New York: ACM, 2006: 667-668.

[51] Yang Y M, Ault T, Pierce T, et al. Improving text categorization method for event tracking[C]. Proceedings of the ACM SIGIR, New York: ACM, 2000: 65-72.

[52] 仓玉，洪宇，姚建民，等. 基于时序话题模型的新事件检测[J]. 智能计算机与应用，2011, 1(1): 74-78.

[53] 赵旭建. 中文新闻话题动态演化及其关键技术研究[D]. 北京：中国科学技术大学, 2012.

[54] 史存会，林鸿飞. 追踪事件微博报道：一种流的动态话题模型[J]. 山东大学学报(理学版), 2012, 47(5): 13-18.

[55] 翟海东，鱼江，聂洪玉，等. 基于相关性范阔的自适应热点话题追踪模型[J]. 山东大学学报(工学版), 2014, 44(1): 7-12.

[56] Nallapati R. Semantic language models for topic detection and tracking[C]. The HLT-NAACL 2003 Student Research Workshop. Stroudsburg: Association for Computational Linguistics, 2003: 1-6.

[57] 洪宇，张宇，范基礼，等. 基于语义域语言模型的中文话题关联检测[J]. 软件学报，2008, 19(9): 2265-2275.

[58] 张晓艳，王挺，梁晓波. LDA 模型在话题追踪中的应用[J]. 计算机科学，2011，38(10A): 136-139, 152.

[59] 廖君华，孙克迎，钟丽霞. 一种基于时序主题模型的网络热点话题演化分析系统[J]. 图书情报工作, 2013, 57(9): 96-118.

[60] Wang C, Blei D M, Heckerman D. Continuous time dynamic topic models[C]. Proceedings of the 23rd International Conference on Uncertainty in Artificial Intelligence, Helsinki, Finland: AUAI, 2008: 579-586.

[61] Nallapati R M, Cohen W, Ditmore S, et al. Multiscale topic tomography[C]. Proceedings of the 13th ACM International Conference on Knowledge Discovery and Data Mining, San Jose, USA: ACM, 2007: 520-529.

[62] Wei X, Sun J M, Wang X R. Dynamic mixture models for multiple time series[C]. Proceedings of the 20th International Joint Conference on Artificial Intelligence, Hyderabad, India: ACM, 2007: 2909-2914.

[63] AlSumait L, Barbará D, Omeniconi D. On-line LDA: Adaptive topic models for mining text streams with applications to topic detection and tracking[C]. Proceedings of the 8th IEEE International Conference on Data Mining, Washington, USA: IEEE, 2008: 3-12.

[64] 胡艳丽，白亮，张维明. 一种话题演化建模与分析方法[J]. 自动化学报，2012，38(10): 1691-1697.

[65] Blei D M, Lafferty J D. Correlated topic models[C]. Advances in Neural Information Processing Systems, Cambridge, MA: MIT Press, 2006: 113-120.

[66] Li W, Mccallum A, Allocation P. DAG-structured mixture models of topic correlations[C]. Proceedings of the International Conference on Machine Learning, Pittsburgh, Pennsylcania, 2006: 577-584.
[67] The National Institute of Standards and Technology（NIST）. The 2005 Topic Detection and Tracking（TDT2005）Task Definition and Evaluation Plan[Z]. ftp: //jaguar.ncsl.nist.gov//tdt/tdt2005/.Eval.Plan.vllps.
[68] 李保利，俞士汶. 话题识别与追踪研究[J]. 计算机工程与应用, 2003, 17: 7-11.
[69] Martin A, Doddington G, Kamm T, et al. The DET curve in assessment of detection task Performance[C]. Eurospeech, Rodos: ACM, 1997: 37-41.
[70] 高丹，彭新光. 基于 DET 曲线的入侵检测评估方法[J]. 微电子学与计算机，2008, 25(8): 133-138.
[71] Frisse M E. Searching for information in a hypertext medical handbook[C]. Proceeding of the ACM Conference on Hypertext, 1988, 31: 880-886.
[72] Turtle H R, Croft W B. Inference networks for document retrieval[C]. Proceedings of the 13th SIGIR Conference, New York: ACM, 1990: 1-24.
[73] 徐建民，何丹丹，吴树芳. 基于文档关系的扩展信念网络检索模型[J]. 情报学报，2019, 38(11): 1160-1165.
[74] de Campos L M, Fernández-Luna J M, Huete J F. Improving the efficiency of the Bayesian network retrieval model by reducing relationships between terms[J]. International Journal of Uncertainty, Fuzziness and Knowledge-Based Systems, 2003, 11: 101-116.
[75] Ribeiro-Neto B, Muntz R. A belief network model for IR[C]. Proceedings of the 19th ACM-SIGIR Conference, 1996: 253-260.
[76] 盛骤，谢式千，潘承毅. 概率论与数理统计[M]. 2 版. 北京：高等教育出版社, 1989: 18-25.
[77] Pearl J. Causal diagrams for empirical research[J]. Biometrika, 1995, 82(4): 669-709.
[78] 余东峰，孙兆林. 基于贝叶斯网络不确定推理的研究[J]. 微型电脑应用, 2004, 20(8): 6-8.
[79] Ribeiro-Neto B, Silva I, Muntz R. Bayesian network models for IR[J]. Soft Computing in Information Retrieval Techniques and Application, 2000: 1-32.
[80] 张润梅. 基于贝叶斯网络的复杂系统因果关系研究[D]. 合肥：合肥工业大学.
[81] Wang M, Prem P J, Ellis S, et al. A multi-layered performance analysis for cloud-based topic detection and tracking in big data applications [J]. Soft Computing, 2018, 87: 580-590.
[82] Zhai C. A study of smoothing methods for language models applied to information retrieval[J]. ACM Transactions on Information Systems, 2004, 22(2): 179-214.
[83] Blei D M, Ng A Y, Jordan M I. Latent Dirichlet allocation[J]. Journal of Machine Learning Research, 2003(3): 933-1022.
[84] 王鹏，高铖，陈晓美. 基于 LDA 模型的文本聚类研究[J]. 情报科学, 2015, 33(1): 63-68.

[85] 杨陟卓, 黄河燕. 基于语言模型的有监督词义消歧模型优化研究[J]. 中文信息学报, 2014, 28(1): 19-25.

[86] Li L, Jiang Y. Integrating language model and reading control gate in BLSTM-CRF for biomedical named entity recognition [J]. IEEE/ACM Transactions on Computational Biology and Bioinformatics, 2020, 17(3): 841-846.

[87] Godec M, Leistner C, Saffari A, et al. On-line random naive Bayes for tracking[C]. 2010 International Conference on Pattern Recognition, Istanbul, 2010, 3345-3348.

[88] Li S P, Xia C Y. Topic tracking based on naive bayes[C]. International Conference on Computer Science and Network Technology, 2011: 1046-1049.

[89] 吴树芳, 朱杰. 信念网络在话题识别与追踪中的应用研究[M]. 北京: 科学出版社.

[90] Zhang X Y, Wang T. Topic tracking with improved representation model and joint tracking method[J]. International Journal of Wavelets, Multiresolution and Information Processing, 2010, 8(6): 913-930.

[91] Fu Z, Robles-Kelly A, Zhou J. Milis: Multiple instance learning with instance selection[J]. IEEE T-PAMI, 2011, 33(5): 958-977.

[92] 姚丹, 王晓丹, 张玉玺, 等. 特征选择方法综述[J]. 控制与决策, 2012, 27(2): 161-192.

[93] Sun Z H, Belis G, Miller R. Object detection using feature subset selection[J]. Pattern Recognition, 2004, 37(11): 2165-2176.

[94] 包叶波. 基于深层神经网络的声学特征选择及其在 LVCSR 系统中的应用[D]. 北京: 中国科学技术大学, 2014.

[95] Zhang H L, Lu G, Mahmoud T, et al. Feature selection for optimizing traffic classification[J]. Computer Communications, 2012, 12: 1457-1471.

[96] 辛竹, 周亚建. 文本分类中互信息特征选择方法的研究与改进[J]. 计算机应用, 2013, 33(s2): 116-118.

[97] Calvo B, Larrañaga P, Lozano J A. Feature subset selection from positive and unlabelled examples[J]. Pattern Recognition Letters, 2009, 30(11): 1027-1036.

[98] 张振海, 李士宁, 李志刚, 等. 一类基于信息熵的多标签特征选择算法[J]. 计算机研究与发展, 2013, 50(6): 1177-1184.

[99] Xian J, Peiyu L, Wei G, et al. An algorithm application in intrusion forensics based on improved information gain[C]. The 3rd Symposium on Web Society, Lanzhou, 2011: 100-104.

[100]程龙. 基于改进 TF-IDF 算法的信息抽取系统设计与实现[D]. 北京: 北京邮电大学, 2019.

[101]翟军昌, 秦玉平, 车伟伟. 垃圾邮件过滤中信息增益的改进研究[J]. 计算机科学, 2014, 41(6): 214-224.

[102]Vinh N X, Chan J, Romano S, et al. Effective global approaches for mutual information based feature selection[C]. Proceedings of the 20th ACM Conference on Knowledge Discovery and

Data Mining（KDD'14）, New York: ACM, 2014: 24-27.

[103]王士杰. 面向新闻领域的蒙古文新事件检测方法研究[D].呼和浩特：内蒙古大学, 2020.

[104]Xu J M, Wu S F, Zhu J. Using clustering and dynamic mutual information for topic feature selection[J]. Journal of the Society for Information Display, 2015, 22（11）: 572-580.

[105]何中市，刘里．基于上下文关系的文本分类特征描述方法[J]．计算机科学，2007，34(5)：183-186.

[106]Nesterov Y. Efficiency of coordinate descent methods on huge scale optimization problems[J]. SIAM Journal on Optimization, 2010, 22（2）: 341-362.

[107]兰凯梅. BBS 热点话题发现与监控系统[D]. 北京：北京交通大学, 2011.

[108]Bun K K, Ishizuka M. Topic extraction from news archive using TF*IDF algorithm[C]. The Third International Conference on Web Information System Engineering, Singapore, 2002.

[109]Liang T P, Lai H J. Discovering user interests from web browsing behavior: An application to internet service[C]. Proceedings of the 35th International Conference on System Science, Hawaii, 2002.

[110]薛峰, 周亚东. 一种突发热点话题在线发现与跟踪方法[J]. 西安交通大学学报, 2011, 12（45）: 64-70.

[111]陈羽中，方明月，郭文忠．面向微博热点话题发现的多标签传播聚类方法研究[J]．模式识别与人工智能, 2015, 28（1）: 1-10.

[112]饶洁，林育曼，陈海媚．基于粒子群算法的微博热点话题发现分析[J]．情报科学，2016，34（12）: 51-54.

[113]伍万坤，吴清烈，顾锦江．基于 EM-LDA 综合模型的电商微博热点话题发现[J]．现代图书情报技术, 2015, 31（11）: 33-40.

[114]龚海军．网络热点话题自动发现技术研究[D]．上海：华中师范大学, 2008.

[115]王巍，杨武，齐海凤．基于多中心模型的网络热点话题发现算法[J]．南京理工大学学报（自然科学版）, 2009, 33（4）: 422-431.

[116]殷风景．面向网络舆情监控的热点话题发现技术研究[D]．长沙：国防科技大学, 2010.

[117]杨冠超．微博客热点话题发现策略研究[D]．杭州：浙江大学, 2011.

[118]Yang Y, Pederson J O. A comparative study on feature selection in text categorization[C]. Proceedings of the 14th International Conference on Machine Learning, Nashville: Morgan Kaufmann, 1997: 412-420.

[119]Swan R, Allan J. Automatic generation of overview timelines[C]. Proceedings of the 23rd Annual International ACM SIGIR Conference on Research and Development in Information Retrieval, New York, USA: ACM, 2000: 49-56.

[120]Liu B. A fast density-based clustering algorithm for large databases[C]. Proceedings of 2006 International Conference on Machine Learning and Cybernetics, Washington DC, USA, 2006:

996-1000.

[121]Wu D, Yang R, Shen C. Sentiment word co-occurrence and knowledge pair feature extraction based LDA short text clustering algorithm [J]. Journal of Intelligent Information Systems, 2020, 5: 1-23.

[122]卢美莲, 王梓, 李佳珊. 利用改进LSH算法进行层次化新闻话题检测[J]. 北京邮电大学学报, 2014, 37 (3): 32-37.

[123]Stewart J. 微积分[M]. 7版. 北京: 高等教育出版社, 2014.

[124]杨振芳, 杨小平. 互联网话题演化研究综述[J]. 计算机工程与应用, 2011, 47(s2): 16-19.

[125]楚克明, 李芳. 基于LDA模型的新闻话题演化[J]. 计算机应用与软件, 2011, 28(4): 4-7.

[126]张佩瑶, 刘东苏. 基于词向量和BTM的短文本话题演化分析[J]. 数据分析与知识发现, 2019, 3: 95-101.

[127]徐伟, 赵斌, 吉根林. 基于转发关系的微博话题演化算法[J]. 计算机科学, 2016, 43(2): 78-82, 100.

[128]方莹, 黄和燕, 辛欣, 等. 面向动态主题数的话题演化分析[J]. 中文信息学报, 2014, 28(3): 142-149.

[129]吴小兰, 章成志. 基于突发事件特征网络的用户社区发现与社区主题演化研究——以新浪微博H7N9事件为例[J]. 情报理论与实践, 2017, 40(5): 60, 94-98.

[130]李慧, 王丽婷. 基于话题标签的微博热点话题演化研究[J]. 情报科学, 2019, 1: 30-36.

[131]安璐, 杜廷尧, 李纲, 等. 突发公共卫生事件利益相关者在社交媒体中的关注点及演化模式[J]. 情报学报, 2018, 4: 394-405.

[132]王振飞, 刘凯莉, 郑志蕴. 面向时间序列的微博话题演化模型研究[J]. 计算机科学, 2017, 44(8): 270-279.

[133]李磊, 刘继, 张竑魁, 等. 基于共现分析的网络舆情话题发现及态势演化研究[J]. 情报科学, 2016, 34(1): 44-48.

[134]赵旭剑, 杨春明, 李波, 等. 一种基于特征演变的新闻话题演化挖掘方法[J]. 计算机学报, 2014, 37(4): 819-832.

[135]Jensen S, Liu X Z, Yu Y Y, et al. Generation of topic evolution trees from heterogeneous bibliographic networks[J]. Journal of Informatics, 2016, 10: 606-621.

[136]李文璟, 曾祥健, 李梦, 等. 基于对称KL距离的用户行为时序聚类方法[J]. 电子信息学报, 40(10): 2365-2372.

[137]唐晓波, 房小可. 一种面向微博的查询扩展方法[J]. 图书情报工作, 2014, 58(1): 130-135.

[138]仲志远. 网络新闻学[M]. 北京: 北京大学出版社, 2002.

[139]唐晓波, 王中勤, 钟林霞. 基于维基语义扩展的微博话题追踪模型研究[J]. 情报科学, 2017(2): 82-87.

[140]吴树芳, 徐建民. 动态话题追踪中的时序权重[J]. 计算机科学, 2015, 47(2): 233-236, 240.

[141]刘坤, 尤勇. “意见领袖” 理论研究综述[J]. 青年记者, 2009, 24(16): 42-43.
[142]丁汉青, 王亚萍. SNS 网络空间中“意见领袖”特征之分析——以豆瓣网为例[J]. 新闻与传播研究, 2010, 32(3): 82-91.
[143]王佳敏, 吴鹏, 陈芬, 等. 突发事件中意见领袖的识别和影响力实证研究[J]. 情报学报, 2016, 35(2): 169-176.
[144]王秀丽. 网络社区意见领袖影响机制研究——以社会化问答社区知乎为例[J]. 国际新闻界, 2014, 36(9): 47-57.
[145]刘志明, 刘鲁. 微博网络舆情中的意见领袖识别及分析[J]. 系统工程, 2011, 29(6): 8-16.
[146]王君泽, 王雅蕾, 禹航, 等. 微博客意见领袖识别模型研究[J]. 新闻与传播研究, 2011, 33(6): 81-88.
[147]管飘. 高校 BBS 中意见领袖的识别与构成分析[J]. 新闻传播, 2013, 20(5): 137 -139.
[148]马宁, 田儒雅, 刘怡君, 等. 基于动态网络分析(DNA)的意见领袖识别研究[J]. 科研管理, 2014, 08(6): 83-92.
[149]宁连举, 万志超. 基于团购商品评论的网络意见领袖识别[J]. 情报杂志, 2013, 32(8): 204-207.
[150]Weng J S, Lim E P, Jiang J, et al. Twitterank: Finding topic-sensitive influential twitterres[C]. Proceeding of the Third ACM International Conference on Web Search and Data Mining, 2010: 261-270.
[151]2019 年社交网络行业研究报告[EB/OL]. https: //new.qq.com/omn/20190411/ 20190411A00O61.html.
[152]李倩倩. 基于话题热度的微博推荐算法[D]. 济南: 山东师范大学, 2016.
[153]Sarwar B, Kaypis G, Konstan J, et al. Item-based collaborative filtering recommendation algorithms[C]. The 10th International World Wide Web Conference, New York: ACM Press, 2001: 285-295.
[154]Pazzani M J, Billsus D. Content-Based Recommendation Systems[M]. Berlin: Springer, 2007.
[155]王国霞, 刘贺平. 个性化推荐系统综述[J]. 计算机工程与应用, 2012, 48(7): 66-74.
[156]王绍卿, 李鑫鑫, 孙福振, 等. 个性化新闻推荐技术研究综述[J]. 计算机科学与探索, 2020, 14(1): 18-29.
[157]吴航, 融入用户信任和标签的协同过滤推荐研究[D]. 上海: 华东师范大学, 2019.
[158]楚扬杰, 李珊. 基于用户的协同过滤推荐算法研究及应用[J]. 电子技术与软件工程, 2016, (9): 177.
[159]聂帅华. 基于内容推荐/协同过滤推荐算法的智能交友网站的设计&实现[D]. 武汉: 华中师范大学, 2015.
[160]郁雪. 基于协同过滤技术的推荐方法研究[D]. 天津: 天津大学, 2009.
[161]谢芳, 王波. 基于关联规则个性化推荐的改进算法[J]. 计算机应用, 2006, 26(s2): 149-151. .

[162]张翔. Bagging 算法在中文文本分类中的应用[J]. 计算机工程与应用, 2009, 45(5): 135-137.

[163]王笑坤. Boosting 算法及其应用[D]. 西安: 西北大学, 2007.

[164]徐慧丽. Stacking 算法的研究及改进[D]. 广州: 华南理工大学.

[165]Friedman J H. Greedy function approximation: A gradient boosting machine[J]. The Annals of Statistics, 2001, 5: 1189- 1232.

[166]Chen T Q. XGBoost: A scalable tree boosting system[C]. The Proceedings of the 22nd ACM SIGKDD International Conference on Knowledge Discovery and Data Mining, 2016.

[167]Breiman L. Random forests[J]. Machine Learning, 2001, 45: 5-32.

[168]Ke G L. LightGBM: A highly efficient gradient boosting decision tree[C]. Advances in Neural Information Processing Systems, 2017, 30: 3146-3154.

[169]康海燕, 杨悦, 于爱民. 面向用户的电商平台刷单行为智能检测方法[J]. 计算机应用, 2018, 38(2): 596-601.

[170]徐健锋, 苗夺谦, 张远健. 基于混淆矩阵的多目标优化三支决策模型[J]. 模式识别与人工智能, 2017, 30(9): 859-864.

后　记

热点话题的研究属于网络舆情的研究范畴，本书以用于信息检索的贝叶斯网络为基础，对热点话题展开相关研究，具体研究内容包括：热点话题的发现、热点话题演化中的噪声特征识别、话题字典的构建、热点话题的参与者——意见领袖特征分析、热点话题推荐。

网络舆情以网络为载体，以各种交互平台为媒介(例如博客、论坛、微博、微信等)，以事件为核心，网民将自己的情感、态度、观点等在网络上发布及传播。网络舆情具有两面性：一方面给人们带来了便利，可以及时获得需要的信息且可以作为信息的制造者，随意撰写、发布信息；另一方面，也带来了一系列负面的影响，例如谣言的快速传播、大量的信息垃圾等。无论是正面还是负面效应中，热点话题始终扮演着重要的角色。故对热点话题的研究具有较大的应用价值和研究价值。对用户而言，热点话题研究能帮助用户及时、方便地获取当前较为重要的热点信息；对企业而言，热点话题研究可以帮助企业较为快速到地了解领域发展态势，提高企业的竞争力；对政府而言，可以帮助相关部门了解当前的热点问题和舆论导向，以不断改进工作，更好地服务于人民群众。

本书第 1～3 章为基础知识模块。第 1 章通过文献统计，分析当前对网络舆情的研究主要集中在舆情的发现、管理、分析、传播、监测、预警等方面，据此第 1 章梳理了不同模块的相关研究，以期能帮助读者对相关研究有较为全面的认识；第 2 章详细介绍了话题识别与追踪的相关知识，目的是为后续章节中的热点话题发现、话题演化提供理论基础，具体包括话题识别的任务、评价指标、该领域用于实证研究的权威测试集合等；第 3 章对本书的另一个关键理论基础——贝叶斯网络进行了简单介绍。贝叶斯网络在信息检索领域的成功应用从理论上证明该理论亦可应用于话题识别与追踪领域，故研究者们陆续提出了基于贝叶斯网络的话题模型，并实验验证了其有效性。信念网络话题模型属于基于贝叶斯网络的话题模型之一。后续章节将以信念网络话题模型作为表示模型展开研究。

在前 3 章基本理论基础上，本书对热点话题进行了五个方面的研究，分别是：

(1)基于上下文信息的话题字典构建：构建话题字典的目的是选择有效的特征来更好地表示话题，属于数据预处理操作，有效的话题字典可以提高热点话题研究的性能。考虑到合适的上下文信息可以更为准确地表达话题的含义，提出了融合上下文信息的话题字典构建算法，并给出了确定特征规模的目标函数。此外，考虑到话题是随着时间的推移动态变化的，如果保持话题字典始终不变，势必提高热点话题发现的误报率，为解决该问题，最终给出了动态话题字典生成算法(ISD)。

(2)融合时序性和波动性的热点话题发现：热点话题的发现在舆情监测及舆情控制中起着重要的作用。通过分析热点话题的发展脉络，发现话题的整个发展过程呈现明显的特征——波动性和时序性。在波动性方面，一般热点话题的波峰较大；在时序性方面，热点话题持续时间相对较长，尤其发文密度比较大。据此，本书给出了波动性和时序性的量化方法，提出了融合波动性和时序性的热点话题发现算法，为热点话题发现的研究提供了理论借鉴。

(3)面向热点话题演化的噪声特征识别：热点话题随着时间的推移，将会大密度出现相关的舆情信息，不断充实初始的热点话题，实现话题的有效演化，这是理想的话题演化。事实上，如果在话题演化过程中融入了假相关的信息，则会误导话题的演化，甚至出现话题漂移现象。为避免该问题，本书对话题演化中的噪声特征识别展开研究，提出了基于分布性和间断性的特征权重衰减函数，以实现对话题演化中噪声特征识别，实现有效的话题演化。

(4)热点话题的参与者——意见领袖特征分析：意见领袖在热点话题传播过程中发挥着至关重要的作用，他们积极参与话题的讨论，推动话题的传播。意见领袖发布的信息及评论会影响民意、引导舆论。对意见领袖的特征分析是实现意见领袖识别的基础。在介绍相关理论的基础上，本书采用社会网络分析法识别意见领袖，以“关系论”的视角，通过社区网络密度、中心性等指标来综合衡量用户在话题讨论中的重要性，并以此为基础，对舆情领袖的特征进行了分析，包括：意见领袖个人背景特征(基本信息、社会特征)、意见领袖个人行为特征(信息贡献、信息获取、信息扩散)。

(5)基于Stacking集成的热点话题推荐：热点话题推荐属于个性化推荐的应用领域之一，考虑到集成推荐在个性化推荐领域的优势，我们选择极端梯度提升(eXtreme Gradient Boosting，XGB)、梯度提升树(Gradient Boosting Decision Tree，GBDT)、随机森林(Random Forest，RF)、轻型梯度提升(Light Gradient Boosting Machine，LGBM)四个算法作为基分类器，并且采用Stacking框架进行集成，提出基于集成思想的热点话题推荐算法，该算法有效融合四种基算法的优势，避免其劣势。

本书对热点话题的相关研究虽然取得了一定成果，但尚有不足，未来我们的团队将在已有研究的基础上，进一步对其展开深入研究：①对于话题字典的构建，除了上下文信息可以准确地表达话题含义外，语义信息也很重要，如何深入挖掘、量化热点话题中的语义信息是未来优化话题字典的关键点；②热点话题发现的相关研究主要包括两类，一是通过识别热词来判断话题的热度，二是通过挖掘热点话题的特征，提出话题热度度量方法，本书的热点话题发现研究属于第二类。热点话题的特点可能不局限于已有研究，未来我们将采用大规模语料统计和网络分析的方法，深入挖掘热点话题的特点，尝试提出更为有效的热点话题发现算法。③有效的话题演化可以使我们对话题的完整发展脉络有清楚的认识，可以帮助我们把零碎的话题片段组织起来，本书做的研究只是话题演化研究的一部分，未来我们将在本书研究的基础上，通过挖掘话题演化过程的时间关系、因果关系，提出新的话题演化挖掘方法，并尝试对话题演化中的引导、控制问题做出研究。④意见领袖是热点话题发现、传播、演化过程中的重要角色之一。例如，意见领袖发表的信息成为热点话题的概率比普通用户要大，意见领袖参与传播的话题可能会增加其热度，意见领袖对话题的传播可以体现话题的演化，故对舆情领袖的研究可为热点话题相关研究提供理论支持。本书基于社会网络分析方法，结合知乎平台的实例话题分析了意见领袖的特征，未来我们将尝试对这些特征进行量化，提出网络舆情中的意见领袖识别算法。⑤面对当前的海量信息，有效的个性化推荐可以帮助用户在最短的时间内发现自己感兴趣的信息。随着计算机网络的发展，各种网络平台层出不穷，热点话题的数量也出现明显增长趋势，如何帮助不同用户发现自己感兴趣的话题也是热点话题的研究分支。集成推荐是当前个性化推荐领域较好的推荐思想，据此本书提出了基于集成思想的热点话题推荐算法。但该算法并不是完善的，Stacking 算法的缺点是比较耗时，如何提高其效率是我们未来的研究点之一。

上述内容主要是针对本书的不同研究点做出的展望，未来我们将继续展开网络舆情热点话题的研究，除上述内容外，热点话题的可信度也是我们的研究点。